ANOREXIA

Éric Bidaud

ANOREXIA

TRADUÇÃO
Dulce Duque Estrada

EDITOR
José Nazar

Companhia de Freud

TÍTULO ORIGINAL

ANOREXIE MENTALE, ASCÈSE, MYSTIQUE
Une approche psychanalytique

EDITORAÇÃO ELETRÔNICA
FA - Editoração Eletrônica

TRADUÇÃO
Dulce Duque Estrada

REVISÃO
Sandra Regina Felgueiras

Rio de Janeiro 2008

FICHA CATALOGRÁFICA

B584a

Bidaud, Éric.
Anorexia mental, ascese, mística : uma abordagem psicanalítica / Éric Bidaud ; [tradução: Dulce Duque Estrada] . – Rio de Janeiro : Companhia de Freud, 1998.
152 p. ; 23 cm.

ISBN 978-85-7724-043-2

1. Anorexia nervosa. 2. Anorexia nervosa – Aspectos psicológicos . I. Título.

CDD-616.852

Companhia de Freud
editora

ENDEREÇO PARA CORRESPONDÊNCIA
Rua Barão de Sertório, 48 – casa
Tel.: (21) 2293-7166 • (21) 2293-9440
Rio Comprido – Rio de Janeiro
e-mail:ciadefreud@gmail.com
www.ciadefreud.com.br

ÍNDICE

A Patricia,

Meus agradecimentos dirigem-se à Sra. Maud Mannoni
que me honrou com sua confiança,
ao Sr. Professor Roger Dorey
que me guiou ao longo de toda a minha pesquisa,
ao Sr. Jean-François de Sauverzac
que reviu o conjunto dos manuscritos,
bem como à Sra. Dominique Platier-Zeitoun
pela parte técnica.

INTRODUÇÃO

Ao cabo de sua investigação, Freud definia a neurose obsessiva, através de suas práticas compulsivas, como uma "religião individual" — diríamos, mais precisamente, uma liturgia. Não se poderia considerar a anorexia, por sua vez, sob o ângulo da religião, em seu aspecto místico, particularmente como teologia negativa? E, no que nos concerne, na sua dimensão especificamente cristã. Nossa reflexão sobre a anorexia mental elaborou-se a partir da relação, cujo valor teórico e clínico quisemos pôr à prova, entre a privação anoréxica e as condutas religiosas de abstinência alimentar.

Existe uma prática central na história das religiões, a dos interditos rituais ligados à perspectiva aterrorizante de sua transgressão. Assim, os *tabus alimentares* formam um sistema de ordem e de desordem onde se perfila, em linha de fuga, a experiência subjetiva da morte ou da perdição. Orientamos nossa pesquisa ao mais próximo possível dos textos religiosos, de seus comentários e suas práticas, a fim de examinar em que medida as condutas da anoréxica lembram aquelas da privação e da santificação. Interrogamos a vontade de controle absoluto — derrisório ou ilusório — do eu sobre o corpo, para tornar-se "são", vontade que atua na ascese e na anorexia.

Nos mitos gregos, bem como na tradição bíblica, a questão alimentar está no princípio das relações que se estabelecem entre os deuses e os homens. Na escala das formações sociais e subjetivas, ela instaura uma distância necessária entre o mundo dos deuses e o dos homens, organizando ao mesmo tempo a relação comunitária entre os homens e as mulheres. No que diz respeito à inscrição simbólica de toda diferença, sua função é essencial.

Na lógica antropológica, o termo "mácula" significa a quebra do limite entre sagrado e profano, entre puro e impuro. Ligada em especial à alimentação, mas também às poluções sexuais, a mácula indica o momento em que o sujeito pode bascular, mudar de estatuto. Na proximidade da mácula, ele faz a experiência da imutabilidade da lei e simultaneamente de sua transgressão. O jejum comunitário, ritual de exclusão relativa, põe a mácula à distância e participa do registro simbólico. O jejum absoluto, seja místico ou profano — isto é, anoréxico —, é uma subversão dessa função simbólica.

A nosso ver, a conduta anoréxica está ligada à noção de "tentação", que tomamos de empréstimo ao domínio religioso. Foram as nossas próprias observações da clínica que nos levaram a essa opinião, bem como trabalhos como os de H. Bruch[1]. O sujeito anoréxico mantém uma relação mortífera com o objeto da necessidade e, de modo mais amplo, com o mundo. Trata-se de uma relação de aniquilamento consumidor. O *"tentador"*, diríamos, está ali a cada vez que estamos em presença de um objeto dotado de um infinito poder de atração e repulsão. O alimento ocupa, nesse sentido, um lugar privilegiado, seja nos mitos, na prática religiosa, ou nas peripécias da trajetória mística.

Nossa reflexão se apóia na oposição da tentação ao conceito psicanalítico de sedução, e permite-nos distinguir duas modalidades específicas de relação de objeto. A anorexia parece-nos ocorrer num "espaço de tentação", laço de domínio entre mãe e filha que assume o aspecto de uma aliança. A pesquisa clínica sobre a anorexia mental pôs em evidência a prevalência de um laço mãe-filha "singular", unindo uma e outra no sofrimento de uma história passional. A intensidade dessa dependência (que as medidas de isolamento, quando há uma hospitalização, tentam brutalmente reduzir) constitui um ponto enigmático dessa patologia. A nosso ver a anoréxica está sob o domínio do desejo incestuoso de sua mãe e fica "intocada" pelo desejo do pai; ela permanece inacessível à sedução como fantasia organizadora que introduz ao Édipo.

Nossa pesquisa, além disso, esforça-se para trazer uma resposta às interrogações que faz nascer.

Em que sentido é pertinente destacar o conceito da tentação para encontrar um sentido na conduta anoréxica? Em que encontra ele sua "identidade", ao se distinguir do conceito de sedução? O que é buscado na economia do gozo e que tratamento teórico se deve reservar a essa noção de gozo? Com efeito, no vazio criado pela privação "come-se alguma coisa", no nada é esperado um todo. O desejo se nega e por trás dele perfila-se algo além do nada, uma perspectiva "brilhante e sacrificial".

---

[1] Cf. *Les Yeux et le ventre*, Paris, Payot, 1975, e *L'Énigme de l'anorexie*, Paris, P.U.F., Perspectives critiques, 1979.

Para além dessa união exclusiva mãe-filha, coloca-se, sem dúvida, a questão, tão misteriosa para Freud, da gênese da sexualidade feminina. Parece, com efeito, que "essa dominação amorosa" deva ser re-situada no desenvolvimento e nos fracassos da sexualidade feminina. No limite, poderíamos conceber a anorexia como a forma "moderna" e exemplar de um conflito específico da mulher. Ela se une também, tanto por seu impacto como por seus aspectos de escândalo, à histeria, que foi, em seus anos dourados, objeto de espanto e princípio de subversão. A anorexia não tem suas heroínas: Antígona, Catarina de Siena, Simone Weil, opositoras, "indomáveis[2]", qualificativos que dizem bem o efeito de sedução que produzem?

A histeria, história de mulheres, ensinava sobre a feminilidade; do mesmo modo, a anorexia relança o enigma da feminilidade, da sexualidade feminina. Para retomar os termos da questão freudiana: o que quer de nós a mulher?

Por sua vez, a anorexia apaixona: "Duzentos e cinqüenta casos descritos até 1950, mais de cinco mil casos clínicos em 1981 e a progressão do número de casos publicados é quase exponencial[3]". A anorexia se nos oferece em poses, crises, ataques. Se a histérica pode ser "teatral e encantadora", a anoréxica, dando-se a ver descarnada, exalta um fascínio gelado. Provocando o olhar, ela o perturba. "A magreza é mais indecente que a gordura", diz Baudelaire.

---

[2] G. Raimbault, C. Eliacheff, *Les Indomptables. Figures de l'anorexie*, Paris, Odile Jacob, 1989.
[3] G. Raimbault, C. Eliacheff, op. cit., p. 11.

PRIMEIRA PARTE

Da anorexia profana à anorexia santa

Capítulo I

Psicopatologia da anorexia mental

Marcos históricos da anorexia mental e posições teóricas

Em 1689, um inglês, Richard Morton, publica em latim um livro intitulado *Tisiologia sobre a doença da consunção*, no qual descreve "a consunção ou atrofia nervosa" que se baseia em três sintomas principais: perda do apetite, amenorréia, emagrecimento importante: "O sinal essencial da doença é uma diminuição da força com uma perda total do apetite, cuja causa imediata deve ser buscada no sistema dos nervos[1]." É preciso esperar até 1789 para que Naudeau, na França, descreva "uma doença nervosa acompanhada de uma repulsa extraordinária pelos alimentos[2]".

É a Pinel, no começo do Século XIX, que se deve uma primeira reflexão, repousando sobre analogias, sobre a conduta alimentar e suas particularidades: "Luxo, profusão, suntuosidade da mesa dos ricos modernos eclipsados pelos antigos (Vidas de Marco Antônio e de Lúculo por Plutarco); deboches, sistema insensato de volúpias, extravagância das pequenas ceias de Nero (O *Satyricon* de Tito Petrônio); orgias levadas na França até uma embriaguez re-

---

[1] Citado em H. Brunetière, J.-B. e C. Garré, J.-P. Lhuillier, "Anorexie mentale: la tentation de l'histoire", in *Actualités psychiatriques*, 1986, nº 8, p. 17.

[2] M. Naudeau, "Observation sur une maladie nerveuse", *Journal de médecine, chimie et pharmacie*, 1789, 79, pp. 197-200.

pugnante sob a regência do Duque de Orleans (*Memórias secretas sobre os reinos de Luís XIV e Luís XV*, de Duclos); macerações, jejuns, abstinências dos brâmanes, dos faquires, dos antigos anacoretas da Tebaida...[3]."

Essas neuroses, ditas digestivas, pertencem, segundo Pinel, ao grupo das "neuroses das funções nutritivas", que compreendem, entre outras, a anorexia e a bulimia ou "fome canina". Pinel considera a questão alimentar numa dimensão social e cultural; as práticas alimentares participam de um conjunto de regras, de rituais e de interdições que convém re-situar no contexto de cada época.

O jejum pode integrar-se a dois tipos de diálogos: um, vertical, pelo qual torna-se uma arma de purificação na relação com os deuses das religiões, instaurando uma distância e uma renúncia às ordens do mundo profano; outro, horizontal, interno a certas relações humanas. H. Bruch conta que, no antigo Japão, o costume era jejuar — por vezes até a morte — contra o inimigo para desonrá-lo. "O desvio leigo dessa função cultural, por exemplo, a utilização profana do jejum nas greves de fome, guardará sempre um pouco de sua virtude sagrada[4]."

Em 1868-73, aparece o termo "anorexia histérica", e depois "anorexia nervosa", nas obras do inglês William Gull. A anorexia se define como uma privação — em caráter privado — do apetite: do grego *orexis*, o desejo em geral. No mesmo momento, Lasègue, na França, através de um importante trabalho clínico, estabelece a doença no território da histeria. Vamos citar uma observação de Caroline Eliacheff: "Pode-se adiantar, sem grande risco, que sempre houve anoréxicas, mas pode-se afirmar que elas só existiram a partir do momento em que foram inscritas num discurso, o de Lasègue, que constituiu um acontecimento no campo da medicina. Vamos tomar como prova somente o fato de que o conjunto das descrições clínicas da anorexia mental, posteriores a Lasègue, refere-se a ele sem poder contribuir com nada de novo...[5]." A partir da observação de oito mulheres, com idades de 18 a 32 anos, Lasègue[6] descreve três etapas dessa doença caracterizada pela "convicção de que a alimentação é nociva":

— a fase inicial, em que sensações dolorosas justificam para a doente a restrição alimentar,

[3] P. Pinel, *Nosographie philosophique*, t. III, Paris, Brosson, 1813.

[4] H. Brunetière, J.-B. e C. Garré, J.-P. Lhuillier, op. cit., p. 18.

[5] C. Eliacheff, *De l'isolement de l'anorexie à l'isolement de l'anorexique*, tese de doutorado em medicina, ed. Dupuytren copy, 1972, p. 62.

[6] Cf. C. Lasègue (1873), *De l'anorexie hystérique*, Paris, Analectes, 1970.

— a segunda fase essencial que caracteriza a afecção e motiva o nome de anorexia histérica, onde se esboça uma forma de "perversão mental",

— a terceira, em que a histeria se confirma e persevera.

Essa teoria por estágios, toda médica, seria de interesse relativo, se Lasègue não acrescentasse comentários preciosos sobre a psicologia da jovem anoréxica: "O que domina no estado mental da histérica é, antes de tudo, uma quietude, diria quase um consentimento verdadeiramente patológico. Não apenas ela não suspira pela cura, mas se compraz na sua condição, apesar de todas as restrições que esta lhe suscita[7]."

Ele acrescenta que se trata "de um otimismo inexpugnável contra o qual vêm se quebrar as súplicas e as ameaças". A irredutibilidade da atitude anoréxica conduz Lasègue a associá-la à alienação.

Ressaltando o contentamento e a complacência na atitude da anoréxica, Lasègue é o primeiro a captar a dimensão de prazer ou de gozo como força fundamental na sua organização psíquica: "Prazer do auto-controle, prazer de controlar o terapeuta, prazer ligado a uma forma de auto-erotismo mantido pelo aguçamento da fome". Introduzindo "o otimismo inexpugnável", Lasègue já destaca o que se tornará, sob o nome de fantasia megalomaníaca, um outro dado essencial da economia psíquica: "a anoréxica", ele nos previne, "é toda-poderosa na sua anorexia[8]."

Para além da perenidade das obervações semiológicas de Lasègue, três pontos suplementares confirmam a modernidade de seus pontos de vista:

— A ligação postulada entre anorexia e depressão: "Em uma única circunstância, numa mulher casada, histérica de longa data e contando trinta anos de idade, quando sobreveio a anorexia, assisti à transformação de que acabo de falar. A repugnância ao alimento produziu-se em seguida a desgostos mais imaginários do que reais, mas profundamente sentidos, e minha suspeita inicial era de que se tratasse de uma tentativa dissimulada de suicídio[9]."

— A pregnância e a influência do meio ambiente: "Que não cause espanto ver-me, contrariamente a meus hábitos, pôr em paralelo o estado mórbido da histérica e as preocupações dos que a cercam. Esses dois termos são freqüentemente solidários e teríamos uma noção errônea da doença se limitássemos o exame à doente. A partir do momento em que intervém um elemento moral, cuja existência aqui está fora de dúvida, o meio em que vive a doente

---

[7] Citado em J.-B. Brunetière, J.-P. e C. Garré, C. Lhuillier, op. cit., p. 19.

[8] J.-B. Brunetière, op. cit., p. 19.

[9] Ibid.

exerce uma influência que seria igualmente lamentável omitir ou desconhecer[10]."

— Enfim, a advertência que ele dirige aos médicos contra a tentação de "brincar de médico": "Ai do médico que, desconhecendo o perigo, tratar como um capricho passageiro e sem importância essa obstinação que ele espera resolver através de medicamentos, de conselhos amigáveis ou do recurso ainda mais ineficaz da intimidação. Com a histérica, um primeiro erro médico jamais é reparável... Nesse período inicial, a única conduta sensata é observar e calar-se."

Na seqüência de Lasègue, Charcot reconhece na anorexia (que então se tornara "mental") um sintoma puramente histérico. Essa filiação à "grande neurose", acentuada pela psicanálise, se manteve até as obras mais recentes. Vê-se hoje, nessa assimilação, uma certa ambigüidade.

Charcot inaugura o método de isolamento terapêutico. Eis como ele apresenta as suas modalidades em 1885: "As doentes são postas sob a direção de pessoas competentes e experimentadas: são, habitualmente, religiosas que uma longa prática tornou especialistas no manejo desse gênero de doentes (...) Os pais são sistematicamente afastados até o dia em que, tendo-se produzido uma melhora nítida, permite-se às doentes, a título de recompensa, vê-los[11]."

O método de isolamento terapêutico é sempre reconhecido como o único eficaz. Na ausência de luzes teóricas, ele se sustenta por critérios puramente empíricos: a retomada do peso. "Desde que o diagnóstico é feito, o isolamento é sistemático: qual é, pois, a ideologia que sustenta essa prática? É preciso *encerrar, recluir, conter,* conservar no *interior,* e só deixar sair com pleno discernimento. Deve-se ver nisso uma seqüela da atividade psiquiátrica que isola e tranca o alienado no hospício, o psiquiatra tendo somente por função, aos olhos do Estado, fornecer o certificado que legitima a medida de internação[12]?", pergunta-se Bernard This.

Por ora, vamos indicar a contribuição de Freud à questão da anorexia. Num caso de cura pela hipnose (1893)[13], Freud analisa a história de uma mulher tornada anoréxica com o nascimento do primeiro filho, e que teve de interromper a amamentação por falta de leite. Os mesmos distúrbios reaparecem no nascimento de um segundo filho: vômitos, anorexia, depressão. Freud pra-

---

[10] Ibid.

[11] Charcot, in *Oeuvres complètes,* t.II, Ed. Lecrosnier et Babé, 1890, pp. 238 e 252.

[12] B. This, "De Lasègue à Freud", in *Le Coq-Héron,* "Anorexie mentale", 1983, p. 36.

[13] S. Freud, "Un cas de guérison par l'hypnose"(1893), in *Résultats, idées, problèmes,* I, tradução francesa sob a direção de J. Laplanche, Paris, P.U.F., 1984, pp. 31 a 44.

tica com a paciente várias sessões de hipnose. Os sintomas cedem num primeiro tempo, e depois ressurgem rapidamente. Freud, que não fornece interpretação psicanalítica para este caso de "histeria ocasional", vê aí, à maneira de Lasègue, uma forma de "perversão da vontade". Este caso põe igualmente em evidência, no aparecimento dos sintomas, a problemática de uma relação mãe-filho onde se capta a equação simbólica: comer = amamentar.

A propósito do caso de Emmy von N., publicado em 1895, Freud fala em anorexia histérica e aproxima a recusa alimentar de sua paciente de um sintoma de conversão. Ele nota: "A anorexia de nossa doente oferece o exemplo mais impressionante desse gênero de abulia. Ela só come assim tão pouco porque os alimentos não lhe agradam e, se não os acha a seu gosto, é porque a idéia de comer está ligada desde sua infância a lembranças repugnantes cuja carga afetiva não sofreu uma diminuição. No entanto, é impossível comer ao mesmo tempo com prazer e repulsa[14]." Nas sessões de hipnose, essas cenas "repugnantes" são referidas às refeições frias que ela foi obrigada a comer enojada, para evitar uma punição, bem como a suas "expressões de pavor" por ocasião das refeições feitas com seus irmãos doentes. "A atenuação da repulsa provocada pelas refeições não se produziu porque, a cada vez, a doente era obrigada a reprimi-la em lugar de livrar-se dela por uma reação apropriada[15]."

No mesmo ano, Freud, no "Manuscrito G.", destaca os laços entre depressão e anorexia: "A neurose alimentar, dita anorexia, pode comparar-se à melancolia. A anorexia mental das mulheres jovens, que é um distúrbio bem conhecido, aparece, depois de uma observação prolongada, como uma forma de melancolia nos sujeitos de sexualidade ainda não inteiramente desenvolvida. A doente assegura, então, que não come simplesmente porque não sente fome. Há, pois, uma perda do apetite e, no domínio sexual, perda da libido[16]."

Em carta a Fliess de 1899, Freud faz derivar a anorexia mental da corrente auto-erótica na histérica. "Por que uma certa X... sofre de vômitos histéricos? É porque, na imaginação, ela está grávida. Insaciável, ela não pode, com efeito, abrir mão de portar em si o filho de um último amante imaginário. Mas também vomita porque, de certa forma, passa fome, emagrece, perde sua beleza e não mais poderá agradar. É assim que o sintoma representa a realização de dois desejos contraditórios[17]." Desse modo, Freud liga claramente a anorexia à

[14] S. Freud, "Mme. Emmy von N..." (1895), in *Études sur l'hystérie*, trad. franc. de Anne Berman, Paris, P.U.F., 1975, p. 69.

[15] Ibid., p. 69.

[16] S. Freud, "Manuscrit G" (1895), in *La Naissance de la psychanalyse*, trad. franc. de Anne Berman, Paris, P.U.F., 1973, p. 93.

[17] S. Freud, op.cit., Carta nº 105.

neurose histérica, e a interpreta como sintoma de conversão, fazendo incidir o recalque sobre o erotismo oral. A zona buco-labial fortemente erotizada faz surgir, na seqüência de uma inversão, a repulsa alimentar.

A propósito do caso Dora, em quem, é verdade, a anorexia é secundária ("Ela comia com dificuldade e confessava sentir uma ligeira aversão pelos alimentos"), Freud explica: "A repulsa corresponde a um sintoma de recalcamento da zona labial[18]" (recalcamento de uma fantasia de felação).

Karl Abraham irá trilhar a via aberta por Freud, mas orientando seu trabalho em direção às fases pré-genitais do desenvolvimento, a fase oral canibalística e o prazer ligado ao controle anal. Recusando-se a comer, o sujeito, cuja libido regrediu à fase oral, proíbe-se de satisfazer seus desejos de canibalismo e cede à auto-punição, deixando-se morrer.

A teoria de Melanie Klein, e em especial a idéia do "mau objeto introjetado", vai influenciar numerosos trabalhos (em particular os de M. Selvini). De modo muito esquemático, pode-se dizer que M. Klein interpreta todo fenômeno psíquico em termos de defesa contra a angústia, seja sob um modo esquizoparanóide (fantasia do corpo despedaçado), seja sob um modo depressivo (perda do objeto): "Diante dos objetos sadicamente destruídos, que poderiam ser eles próprios fonte de perigo e de envenenamento no interior do sujeito, a angústia paranóide o conduz, apesar da violência dos ataques sádicos orais, a desconfiar profundamente dos objetos no momento mesmo em que os incorpora. Segue-se um enfraquecimento dos desejos orais (...). Pode-se observar um sinal disso nas dificuldades que crianças muito jovens manifestam, freqüentemente, para se alimentar. À medida que a criança se identifica mais com um bom objeto, o apetite libidinal aumenta, ela sente um amor cheio de avidez e experimenta o desejo de devorar esse objeto[19]."

Inspirando-se na pesquisa kleiniana, M. Palazzoli Selvini propôs considerar a formação patológica anoréxica como uma medida defensiva do sujeito ameaçado por "um mau objeto incorporado" identificado ao corpo por inteiro. Assim, ela deduz daí que "o corpo alimentado é ameaçador, torturante, indestrutível...", e ao qual se deve "impor respeito". Seguindo nisso H. Bruch, Selvini atribui à relação com a mãe uma importância etiológica central. "O terrível vivido corporal" da anoréxica resultaria de uma fusão total de seu

---

[18] S. Freud, "Le cas Dora", in *Cinq psychanalyses*, trad. franc. de Anne Berman, Paris, P.U.F., 1973, p. 19.

[19] M. Klein, *Essais de psychanalyse* (1921-1945), trad. franc. de Marguerite Derrida, Paris, Payot, 1968, p. 62.

"próprio corpo com o objeto incorporado (a mãe) nos seus aspectos maus e devastadores, a fim de poder combatê-lo e separá-lo de si." Esse combate e essa separação correspondem a um mecanismo psíquico, a clivagem do eu, permitindo idealizar a presença de um eu bom, valorizado, aceitável, ao lado de um eu corporal odioso.

A contribuição do pensamento de Jacques Lacan ao entendimento da anorexia mental não é negligenciável. A distinção conceitual da necessidade, da demanda e do desejo é esclarecedora. A necessidade parece mais fácil de se compreender. Uma fórmula de bom senso: "É preciso comer para viver", a traduz. A necessidade visa o objeto e se satisfaz com ele. A dificuldade é que essa necessidade jamais se encontra, senão *in abstracto*, fora de sua formulação através da linguagem, o que é sublinhado por Serge Leclaire: "É bem certo que, como a necessidade jamais existe em estado puro, sempre a encontraremos já marcada pelo signo da linguagem que a exprime, através da demanda e até no desejo. O que vemos na prática é a necessidade na medida em que o sujeito tenta acomodar-se a ela para evitá-la ou controlá-la[20]." A demanda, em sua essência, não se resolve no objeto que visa e não se detém nele. Ela é, fundamentalmente, recurso ao outro, apelo, pelo qual o ser que ela visa irá se revelar na sua capacidade de amor: "A demanda é demanda de uma presença ou de uma ausência. Ela é antes de tudo demanda de amor[21]." A mãe, que a criança solicita pela demanda de alimento, é certamente procurada para a satisfação de uma necessidade, mas também para se manifestar na concessão da graça alimentícia, como capaz de amar e de dar bem mais do que a satisfação da necessidade, a saber, o reconhecimento de seu filho como sujeito.

Portanto, é muito possível que a mãe responda somente à superfície da demanda, que ela deixe de lado aquilo que constitui o seu fundo, a expectativa do amor. Na origem da anorexia mental, segundo Leclaire, "no plano da necessidade de alimento, um sujeito foi tanto e tão bem cevado por sua mãe atenta que toda a demanda de amor ficou desconhecida. A partir daí, para reiterar sua demanda, o sujeito não tem outra via senão recusar a comida pela qual sua necessidade foi tão plenamente satisfeita e sua demanda tão perfeitamente sufocada[22]". E Lacan, em "A direção da cura":

"...A criança não adormece sempre assim no seio do ser, sobretudo se o Outro, que também tem suas idéias a respeito de suas necessidades, se imiscui nisso e, em lugar daquilo que não tem, empanturra-a com o mingau sufocante

---

[20] S. Leclaire, "L'obssessionel et son désir", in *L'Évolution psychiatrique*, vol. 3, 1959, p. 386.

[21] S. Leclaire, op. cit., p. 388.

[22] Ibid., pp. 387 e 388.

daquilo que tem, isto é, confunde seus cuidados com o dom do seu amor. É a criança a quem se alimenta com mais amor que recusa o alimento e joga com sua recusa como com um desejo (anorexia mental). Extremos onde se compreende, como em nenhuma outra parte, que o ódio dá o troco do amor, mas onde é a ignorância que não é perdoada. Afinal de contas, a criança, ao recusar-se a satisfazer a demanda da mãe, não está exigindo que a mãe tenha um desejo para além dela, porque é esta a via que lhe falta em direção ao desejo[23]?"

Nossa tese vai nesse sentido. A mãe, não olhando para o lado do pai, não permite à sua filha ter acesso a este e a retém num entre-dois fascinante, uma aliança de domínio. O grande valor da obra de J. Lacan é o de situar o drama do sujeito na história do desejo e na relação com o Outro, onde se inscreve sua alienação. Lembramo-nos da análise da anorexia de Sidonie por M. Mannoni em *O psiquiatra, seu "louco" e a psicanálise*: "O que pôde ser revelado foi a maneira como o pai de Sidonie, identificado com sua filha, jamais havia podido funcionar como pai. Era entre a mãe e a criança que a partida se jogava. Pelo viés do sintoma, a filha dominava a mãe. Tratava-se de quem, mãe ou filha, seria a lei. Não havia lugar para um elemento terceiro[24]."

Os trabalhos de E. Kestemberg, J. Kestemberg e S. Decobert sobre a anorexia mental marcaram, com a publicação de *La Faim et le corps* (1972), um passo teórico importante. Suas teses tornaram-se referências recorrentes nos artigos e obras consagrados à questão. Suas reflexões repousam sobre os conceitos freudianos relativos à estrutura perversa a partir dos estudos sobre o fetichismo. Os elementos edipianos que descrevem em seus pacientes, "por mais legíveis que sejam", não lhes parecem "economicamente prevalentes". O que formulam é a impossibilidade de elaborar a angústia de castração e o mecanismo subseqüente da renegação incidindo sobre "a realidade do corpo próprio que permanece, a este preço, como fonte constante de prazer[25]" e se eleva à dignidade de fetiche. Isso introduz ao registro de uma perversão que eles singularizam como "perversão fria" e que aproximam de uma organização do tipo psicótico pela prevalência dos investimentos narcísicos e das modalidades "arcaicas" de luta contra a angústia. Segundo eles, "o que diferencia este tipo de organização psicótica — levando-se em conta seus matizes perversos — das psicoses estruturadas é realmente a ausência de atividades delirantes no plano da clínica, mas sobretudo o fato de que a solução do conflito que seria

---

[23] J. Lacan, "La direction de la cure", in *Écrits*, Paris, Seuil, 1966, p. 628.

[24] M. Mannoni, *Le Psychiatre, son "fou" et la psychanalyse*, Paris, Seuil, 1970, coleção Le Champ freudien, p. 151.

[25] E. e J. Kestemberg, S. Decobert, *La Faim et le corps*, Paris, P.U.F., 1972, p. 190.

oferecida por essas atividades delirantes permanece inacessível a esses pacientes. A realidade negada não é tanto a realidade exterior, e sim a realidade do corpo próprio. Há, pois, uma negação de sua própria realidade, muito particular a essa organização psicótica que desemboca, afinal, numa magnificação de uma identidade ideal que seria aquela do sujeito. Toda identidade identificatória parece desprezível em relação à divindade desejada: "eu queria ser Deus", "eu porto em mim um ídolo" (...). De fato, é a realidade do próprio sujeito, no que esta tem de mortal, no que tem de erótica, no que tem de humano, que é negada por adolescentes, numa megalomania jamais explicitada sob forma de representação delirante, mas totalmente atuante no seio de um fetichismo singular[26]".

Os autores evidenciaram de modo notável a relação do sujeito anoréxico com a repulsa pelo alimento. Essa repulsa, que induz a uma conduta de "passar fome", produz um efeito de prazer intenso. Os sujeitos buscam a fome, precisamente, na medida em que esta conduz ao que os autores chamam de "um orgasmo". (Preferimos a este termo o de gozo, menos conotado genitalmente.) "Somos mesmo tentados a fazer dessa busca da fome um signo específico da anorexia mental da adolescência[27]", acrescentam eles.

Numa perspectiva fenomenológica, Hilde Bruch permitiu uma representação dinâmica e desobjetivadora da vivência anoréxica. Ela convence pelo caráter voluntário da privação alimentar, para além do discurso denegatório, que usa como pretexto uma ausência de fome. A relação terapêutica revela essa luta ativa e secreta contra a fome: "Quando uma atmosfera de confiança se estabelece, acontece-lhes confessar como um segredo cuidadosamente guardado a tortura que é para eles sua própria fome[28]."

A elevação do desejo de comer pela privação, criando um combate contra a tentação, parece ser a fonte ardente de uma verdadeira exaltação. Foi isso que levou E. e J. Kestemberg e S. Decobert a falar de uma erotização da sensação de fome, em que se experimenta uma espécie de sentimento oceânico ou de imortalidade. Para H. Bruch, o absolutismo da negação está a serviço de uma procura inexorável da plenitude, de realização, de pureza. Ela fez desse objetivo de "autonomia" e de "poder" um sinal patognomônico da verdadeira anorexia nervosa ou anorexia essencial, da qual se devem então distinguir as "pseudo"-rejeições alimentares que sobrevêm em organizações histéricas ou

---

[26] E. e J. Kestemberg, op. cit., p. 190.
[27] Ibid., p. 188.
[28] H. Bruch, *Les Yeux et le ventre*, trad. franc., Paris, Payot, 1975, p. 19.

esquizofrências, e que não se originam de uma semelhante cruzada. A recusa franca de se reconhecer doente e a ausência de angústia diante de um emagrecimento freqüentemente macabro dão o último retoque ao perfil clínico.

O estudo "ampliado" das perturbações da conduta alimentar tornou a ligar a anorexia a seu inverso, a bulimia, como dois tempos mais ou menos alternantes de uma mesma patologia. Além disso, a clínica hoje abre espaço para patologias adicionais: bulimia, toxicomania, onanismo compulsivo, que ligam um sujeito, por uma via mortífera, ao objeto de uma paixão. A anorexia seria o par inverso e negativo de uma apetência temida. O abandono a excessos incontroláveis de consumo alimentar é realmente o que aterroriza a anoréxica: o temor de não poder mais parar, de não poder mais passar sem isso, de sossobrar. Disso testemunham os trabalhos de B. Brusset e L. Igoin. A noção de "dependência" não está afastada da relação de atração/repulsa com o objeto alimento. Segundo Brusset, "a clínica mostra que se, em algumas formas, principalmente depressivas, o apetite desaparece, a bulimia é mais freqüentemente temida como um risco que se deve conjurar por um conjunto de estratégias defensivas. Trata-se de uma espécie de fobia ao impulso bulímico (...) Numa primeira aproximação, poderíamos deduzir daí que a bulimia é o gozo ao mesmo tempo desejado e violentamente rejeitado pela anoréxica...[29]."

Em sua evolução, a pesquisa libertou-se da concepção originária que inscrevia a anorexia na histeria e tende hoje a isolá-la como uma problemática autônoma. A anorexia tornou-se uma entidade depois de ter sido um sintoma. A expressão "problemática autônoma" testemunha a dificuldade de situar a anorexia e o enigma estrutural por ela exposto. Valabrega[30], em 1967, observa que ela se situa no cruzamento de quatro ordens psicopatológicas: a ordem neurótica, a ordem psicótica, a ordem psicossomática e, enfim, a ordem perversa. Ela é assinalada como estrutura em "equilíbrio" ou encruzilhada.

Uma clínica da anorexia... uma mística profana?

Minha consciência está unida na necessidade e sua satisfação, numa síntese sem percalços. De um modo geral, não penso nisso, sob condições normais. Ora, o estado que nos interessa é aquele de uma consciência que vê, no

---

[29] B. Brusset, "La jouissance de l'anorexique", in *Revue française de psychanalyse*, t. LIV, 1990, pp. 163 e 164.

[30] Cf. J.-P. Valabrega, "L'anorexie mentale", in *L'Inconscient*, 1967, 2.

surgimento de uma necessidade, uma razão para não satisfazê-la; daí o conflito decorrente. A anoréxica alega com freqüência seu desejo de emagrecer para justificar a origem de sua recusa a comer. Isso significa enfrentar as dores da fome visando um bem por vir, o de obter um corpo correspondente a um ideal. O que também significa correr o risco de jamais ficar satisfeita, de se desesperar com a incapacidade de se transformar, e chegar a detestar esse "saco de órgãos", esse envelope odioso. Então, meu corpo é outro, ou dos outros: abandono-o a eles, enquanto a perfeição que buscava está em mim mesma, como minha essência. Esse modo de desespero lembra aquele definido por Kierkegaard, no qual "se quer ser si mesmo ou o desespero do desafio". O desesperado quer *ser*, libertando-se de toda dependência do poder que o fez existir. Quer-se criador de si mesmo. "O eu é senhor em sua casa, seu senhor absoluto, e o desespero é isso, mas também o que ele considera como sua satisfação, seu gozo (...) O eu, em seu desespero, quer esgotar o prazer de criar a si mesmo", escreve Kierkegaard[31]. A "bela obstinação" da anoréxica, já destacada por Lasègue, essa "irritante" perversão do querer, é um desafio soberano dirigido ao outro, de quem o sujeito quer demonstrar que não depende. O "não tenho fome", proferido placidamente, é como uma bofetada lançada ao outro. Trata-se de se mostrar, de estar ali diante do olhar assustado ou escandalizado. Ser, sem ter de se justificar, é o privilégio dos deuses. A anoréxica se afirma, assim, contra qualquer troca: ela não quer convencer. Como os deuses (aqueles do Olimpo e as criaturas do Paraíso cristão ignoram a fome), ela se apresenta como não se tendo originado da necessidade comum, nem sujeito nem objeto de demanda alguma. Tentando estabelecer seu domínio do objeto da necessidade, ela se desfaz de uma relação com o outro, percebida como alienante e "despedaçadora".

É quando se acaba por reconhecer as dores da fome que se pode acalmar o orgulho triunfante do eu, quando uma ponta do segredo se suspende para deixar que venham as palavras que só circulavam em oração.

A relação "apaixonada" da anoréxica com o alimento

Como dissemos, o que foi ignorado, ao menos até os trabalhos de H. Bruch, e que está no centro da experiência anoréxica, é a importância da tensão entre a necessidade e a recusa de apaziguá-la. O sujeito se impõe uma excita-

---

[31] S. Kierkegaard, *Traité du désespoir*, trad. franc. de K. Ferlov e J.-J. Gateau, Paris, Idées/Gallimard, 1969, p. 152.

ção sem saída. A relação "apaixonada" da anoréxica com o objeto alimento define um objeto ao mesmo tempo idolatrado e odiado, puro e impuro, sagrado, no sentido que têm estes termos nas sociedades tradicionais. A tensão torna o objeto ainda mais presente. O objeto alimento se torna causa de tudo para o sujeito, presa da paixão. Este não vive mais, a não ser na espera ansiosa do objeto necessário, vive dessa espera, na esperança sempre mantida de um prazer. "Quer depender somente da atividade psíquica, somente de seus pensamentos, somente de suas representações obsedantes[32]". Ele "goza" com o pensamento.

O objeto alimento, fundamentalmente oferecido pela mãe, deve ser desembaraçado de sua natureza de objeto da necessidade. Motivo de sofrimento para o corpo, ele deve estar indefectivelmente presente, preservado por uma atividade de pensamento exclusiva. Para além do discurso denegatório, o alimento se diz como a preocupação de todos os instantes nesses pacientes.

Na luta ativa contra a vontade, aumentada pela privação, reconhecemos os dados principais de um clima de tentação, que lembram a tentação do religioso. Esta observação de Bruch testemunha disso:

"Ela estava num terrível estado de excitação a propósito da idéia de comer que a obcecava e que aparecia sob todas as formas, todas as espécies e todos os tamanhos: "Às vezes escuto vozes ou sinto coisas em minha cabeça, e às vezes tenho visões estranhas e assustadoras..." As vozes pareciam estar em conflito, umas dizendo: "Coma! Coma!" e as outras dizendo: "Não coma! Não coma!"[33]". Não estamos na dimensão do demoníaco, nesses desfiles odiosos que o religioso em tentação se exaure para expurgar? Quando a anoréxica cede a seus desejos irreprimíveis de comer, é com vergonha e terror. Ela não cessa de se esvaziar dessa comida "suja, nociva e impura", mortífera. Se o objeto alimento é temido, ele é ao mesmo tempo terrivelmente atraente em seu halo de morte. A tentação que exerce nada mais é, em última instância, que aquela da morte, mas como o lugar mítico de um "mais de vida". O sujeito o procura, sob a fórmula quase alquímica de uma morte de si mesmo. Na fulguração de um instante em que a morte é encarada engaja-se o desafio da anoréxica.

---

[32] P. Aulagnier, *Les Destins du plaisir*, Paris, P.U.F., 1984, p. 184.

[33] H. Bruch, *L'Énigme de l'anorexie*, trad. franc., Paris, P.U.F., 1979, p. 25.

O espaço de gozo da anoréxica

O abandono e o afastamento progressivo do objeto alimentam um masoquismo mortífero que só se pode compreender nos termos de um paradoxo. Com efeito, a diminuição do investimento no objeto é acompanhada por um refluxo narcísico: a preocupação consigo mesma torna-se exclusiva. Se se manifesta, clinicamente, que a anoréxica ameaça sua própria vida, não é por falta de interesse pela sua própria conservação, mas, ao contrário, porque ela só faz ocupar-se disso e se vê na impossibilidade de se interessar por outra coisa. O paradoxo da anorexia liga-se a essa preocupação exclusiva com o objeto da necessidade. Daí o caráter enigmático dessa patologia: o investimento masoquista da excitação e o abandono da satisfação objetal provocam o prazer de uma dor, buscada e mantida. O laço fascinado do sujeito anoréxico com o objeto alimento e seus efeitos de "vacilação" sobre ele (num contexto místico, seu desfalecimento) constituem seu "espaço de gozo". A linguagem comum confunde facilmente prazer e gozo. Lacan distinguiu os dois registros, fazendo do gozo, seja um excesso, para além do prazer, seja uma manifestação do corpo exercendo-se na dor e no sofrimento: "O que chamo de gozo no sentido em que o corpo o experimenta é sempre da ordem da tensão, do forçamento do dispêndio, até mesmo da exploração. Há, incontestavelmente, gozo no nível em que começa a aparecer a dor, e sabemos que é somente nesse nível da dor que se pode experimentar toda uma dimensão da origem que, de outra maneira, permanece velada[34]."

De maneira quase inconveniente, o *querer* anoréxico e místico faz brilhar o clarão distante de um paraíso, de um gozo que ultrapassa de longe os pequenos prazeres prometidos pelo discurso do outro. Se a anoréxica não teme a morte, é sem dúvida porque ela é tentada por uma prova onde se torna criadora do limite, de seu fim e de seu começo. Poderíamos pensar que ela tenta autoengendrar-se, negando, por isso mesmo, sua origem sexuada e sua filiação ao desejo? Nem os sofrimentos do corpo, nem a própria morte surgem para a anoréxica como limites ou sinais de alarme.

---

[34] J. Lacan, "La place de la psychanalyse dans la médecine", in *Cahier du Collège de médecine*, 1966, 7 (nº 12), retomado em *Le Bloc-Notes de la psychanalyse* nº 7, Buchet/Chastel, Paris, 1987, p. 25. (Tratava-se de uma mesa-redonda reunindo J. Aubry, H.-P. Klotz, J. Lacan, G. Raimbault, M.-P Royer e L.-M. Wolf.)

O caso Marianne: da angústia ao gozo

Marianne é uma mocinha muito comprida, "esgalgada", cuja magreza brutal é acusada por roupas que, em vez de cobri-la, deixam ver em transparência um corpo reduzido ao estado de esqueleto. Sua postura exibe os sinais gélidos de uma feminilidade macabra. Marianne oferece assim uma imagem "estilizada" de seu sacrifício. Sob uma maquiagem exagerada, seu rosto tenso, magro, encovado, faz ressaltar as linhas essenciais de sua "condição à parte".

Marianne tem quase 21 anos quando a encontramos numa clínica especializada onde ela acaba de ser internada, num "estado extremo", como diz seu prontuário (menos de 30 kg para 1,58m). A anorexia, da qual apresenta todos os sinais clínicos essenciais, foi reconhecida "medicamente" quando chegou aos 17 anos, nos diz ela. Mas o processo mórbido foi desencadeado muito mais cedo e mantido em segredo, normalizado no discurso da mãe e da filha.

"No começo", ela nos diz, "não era uma coisa séria, eu queria ser mais magra... mas eu também não estava muito bem." Marianne atribui sua doença a um "puro acontecimento psíquico, como o efeito cínico de uma vocação": "É como se um dia eu tivesse decidido que não comeria mais." Não é raro que o começo da anorexia seja apresentado como o efeito de uma decisão. (Engajam-se na anorexia, em vez de cair nela.)

Ela explica, no entanto: "Eu queria que cuidassem de mim, tinha a impressão de que só meu irmão era importante, ele era amado por alguma coisa, esperava-se tudo dele." Vem em seguida o paradoxo da privação: "Não comer mais me fazia crescer, me dava força... Sou outra pessoa", declara, voltando ao presente de uma identidade adquirida por uma recusa pacientemente construída durante vários anos.

Ao longo das entrevistas e apesar de sua recusa obstinada em reconhecer sua extensão, ela acabou confessando sua vontade de comer. Quer se trate de *resistir* ou de *ceder*, o pensamento está inteiramente obnubilado pela comida. Essa vontade assola o espírito: "Às vezes, alguma coisa me diz que coma, coma... e às vezes é o contrário... e tudo isso ao mesmo tempo..."

A fome, alimentada pela privação, mantém a tentação e o temor da queda: "Há algo de terrível no fato de comer". Daí um sentimento de vertigem destrutivo.

Laurent Igoin insiste no estado de excitação que precede a crise bulímica, descrita como "uma catástrofe interna[35]", um momento de báscula. De nossa

[35] L. Igoin, *La Boulimie et son infortune*, Paris, P.U.F., 1985, p. 41.

parte, inclinamo-nos a ver na bulimia o fracasso, de certa forma, de uma organização anoréxica; como aliás dá a entender H. Bruch, que pensa a bulimia em relação à anorexia, são duas manifestações opostas de um mesmo distúrbio de base que se revela fundamentalmente na anorexia. Todo distúrbio alimentar seria anoréxico, em última instância.

Pesando 29 quilos ao chegar à clínica, Marianne trata esse "ponto extremo" como sem grande importância e pouco digno de inquietação. Os poucos quilos que vai consentir em tornar a ganhar são "essas coisas que a gente dá para nos deixarem em paz". "O limite" é seu assunto pessoal, e não dos médicos, que "são muito pretensiosos em pensar que têm importância nos quilos a ganhar ou perder". Para ela, é quase um jogo saber em que momento a comida é *realmente* indispensável. Avançando sempre o limite até o mais próximo do perecimento, experimenta-se o momento de um gozo: "Os limites do sujeito se confundem e ameaçam esfumar-se, acarretando um sentimento de incerteza ou de perda dos limites de si (...) esse tempo de vacilação (...) pode ser gerador de gozo (...). O sujeito, arriscando-se a todo instante", escreve Y. Assedo a propósito das condutas de risco, "a ser aniquilado quando o limite é aflorado, atinge o desmedido, ultrapassa a angústia violenta em face do nada: esse ultrapassamento é gozo[36]."

Um drama marcou a história da família: a morte do pai num acidente de automóvel, quando Marianne tinha oito anos. Eis o que ela diz sobre o acontecimento: "Não me lembro bem daquele momento, quero dizer, do dia, da hora... Um acidente acontece de modo brutal, por exemplo é-se acordado por um telefonema ou coisa assim. Deve-se sentir um desgosto terrível... e eu não tive isso." Parece realmente que Marianne (como seu irmão, mas para ele em menor medida) foi privada dos elementos vivos desse drama. Assim, ela não assistiu ao enterro, ao passo que seu irmão, mais velho, foi autorizado a ir. O pai, enquanto vivo, permaneceu estranho à vida quotidiana de seus filhos. Sua morte não foi ocasião de uma dor comum. As lembranças que Marianne guarda do pai são fragmentadas, pouco carregadas de emoção, como se houvesse perdido seu traço sob a sucessão materna.

Seu irmão é dois anos mais velho. As relações entre eles parecem ter sido sempre boas. Tinham amigos comuns e confiavam um no outro, protegendo-se mutuamente. Sua cumplicidade se desfez. Essa ruptura é sentida como um infortúnio suplementar. "Será preciso realmente, algum dia", diz ela lindamente, "que eu sinta uma mágoa por isso" (Como poderia dizê-lo a propósito

[36] Y. Assedo, "De l'angoisse à la jouissance dans les conduites de risque", in *Revue française de psychanalyse*, t. LIV, pp. 125 e 127.

de seu pai). Será possível evocar mais diretamente o fracasso do trabalho psíquico no tocante ao luto e à separação?

O irmão termina seus estudos de comércio, seguindo nisso as pegadas do pai. É um rapaz ambicioso, "viril" e pragmático, que sem dúvida gostaria de romper com a atmosfera sufocante da família. Marianne prossegue laboriosamente seus estudos de Direito, que ela "escolheu" sem interesse particular: "Era o que minha mãe queria... Eu não sabia o que fazer, ouvi a opinião dos outros. Minha mãe dizia que com isso eu poderia me preparar para concursos administrativos, ela gosta muito de concursos administrativos", acrescenta com uma ponta de humor rara demais para ser notada. Hoje em dia a doença toma todo o seu tempo, ocupa todo o seu pensamento e os estudos passaram a um plano secundário.

A mãe de Marianne é uma mulher severa, de feições contraídas e expressão glacial. Curiosamente defensiva, seu discurso, na maioria das vezes, se atém aos fatos, os quais ela sempre procura saber se estão em conformidade com a versão da filha. Se manifesta inquietude quanto ao afastamento de Marianne desde a hospitalização desta, a distância que seu discurso mantém dá a pensar que considera sua cooperação como um "resgate" que ela consentiria em pagar para recuperar a filha: "Antigamente", nos diz ela, "tudo ia bem, ela era uma criança comportada, obediente, trabalhando bem na escola. Quando começou seu regime, eu não prestei atenção. Achava que aquilo não iria durar". Ela reconhece em seguida ter sido brutal com Marianne para tentar "fazê-la ceder": "Eu a privei de tudo a que ela se apegava, seus livros, por exemplo... talvez estivesse errada? Sem dúvida... Tornou-se uma briga contínua entre nós, mas quanto mais eu a punia, pior era... Eu não podia deixá-la se destruir, tinha que fazer alguma coisa. Se lhe acontecesse alguma desgraça, seria terrível...". O sacrifício da filha é também o da mãe. Entre as duas, há sempre um mesmo combate, uma mesma união no sofrimento e na angústia, que o tempo, nada fazendo, reforça e consolida. Marianne, pouco falante sobre seu próprio sofrimento, volta freqüentemente ao da mãe, a "sua" infelicidade de estar só, "seu sacrifício por nós". O domínio materno, através de um certo "terrorismo" do sofrimento, é duplicado por um mesmo domínio "passional", na carga de dor e arrependimento, lançada pela filha sobre a mãe: "Eu queria ter a certeza de que ela me ama apesar disso tudo", formula, lapidarmente, Marianne, como se amar ainda, a despeito do sofrimento e das decepções, devesse constituir a prova do caráter inalterável da presença.

Ódio, revolta, raiva, resistência, oposição, recusa de se submeter, o orgulho imenso de resistir até a morte fazem do jejum de Marianne um combate, uma luta "moral". O livro de Valérie Valère, *Le Pavillion des fous*[37], relato do internamento da autora, aos treze anos, por anorexia, dá a medida das palavras "que se secretam" nessa situação: "Vocês não vão me vencer, não vão... querem que eu fique como eles... não vou me deixar apanhar...". Ao outro provedor de alimento que diz: "Coma!", isto é, "Submeta-se!", responde-se: "Jamais!" Para Marianne, isso seria um perjúrio.

Em monólogo interminável, oração, solilóquio contra a ameaça dos outros, o "se", de uma comunidade anônima preocupada em "apanhar" o eu, é preciso lutar, se necessário morrer, para viver. A experiência perceptiva, intelectual e moral da anoréxica se impõe sob a forma de uma verdade que não tem outra justificativa além do fato de ser: "É assim!" Um pensamento que só contenta a ela mesma. Ela não argumenta, não quer convencer pelas vias do raciocínio. Entrincheira-se numa convicção arrogante e inatacável. Aquém da sua gentileza cândida, do bom comportamento de uma criança "atraente", esconde-se uma revolta irredutível. O ódio da anoréxica é uma oração, uma secreção. Ao formulá-lo, ela se destruiria. Sobre o fundo de um caráter "sensitivo", no sentido de Kretschmer, desenvolve-se um delírio imaginativo. A personalidade sensitiva é a de um sujeito "binário", afetuoso, confiante, atraente ao mesmo tempo que suscetível, temeroso e evitador de contatos; aberto e fácil, mas também hiperestésico e vulnerável. Ansioso e fechado em si, o sensitivo "luta consigo mesmo de uma maneira tão inútil quanto secreta". Em uma nota de sua conferência sobre "a feminilidade[38]", Freud lembra que se pode encontrar o germe da paranóia ulterior da mulher na dependência primeira da mãe ou de uma substituta desta, e que quando se pesquisa a pré-história da filha não se deixa de encontrar intensos sentimentos de raiva e revolta dirigidos contra a mãe.

Entre Marianne e sua mãe, a fusão regressiva do espaço de domínio não é a modalidade fundamental do desejo, mas antes um meio de reencontrar a mãe e gozar dela — o que não se dá sem a angústia do desaparecimento de si. B. Brusset isolou essa angústia ligada ao "desejo de posse da mãe": "Esse desejo de posse da mãe, que pode assumir a forma de fusão, é ao mesmo tempo angustiante, pois comporta o desaparecimento de si (...) Tudo se passa, nesse nível, como se a relação de objeto na sua íntegra não se houvesse podido consti-

[37] V. Valère, *Le Pavillion des fous*, Paris, Stock, 1978.

[38] S. Freud, *Nouvelles conférences d'introduction à la psychanalyse*, trad. franc. de R.-M. Zeitlin, Paris, Gallimard, 1984.

tuir, e que prevalecesse, por isso, a dimensão identificatória: dimensão extremamente angustiante, já que comporta o desaparecimento de seu ser no outro[39]."

Os terrores de Marianne se exprimiam através do medo constante de "não pertencer à humanidade", de "cessar de existir" (o que em nada equivale ao medo de morrer, risco que ela jamais considera explicitamente). A esse medo de desaparecer acrescentam-se as angústias de intrusão ligadas à mãe: "Eu me sinto... demais da minha mãe (...) Eu a sinto realmente em mim"; mas também angústias de afastamento "insondável", e de isolamento. Apesar de sua intensidade, estas produzem efeitos intensamente procurados: "a delícia" da perda ou do desvanecimento, a *prova* de seu gozo. As relações difíceis de se captar — escândalo para a consciência — entre a angústia extrema e o gozo foram longamente analisadas por Lacan. O gozo, distinto do prazer, só se pode observar no instante vacilante de uma angústia levada até seu cúmulo. Y. Assedo, na sua análise das condutas de risco, aponta o gozo "como o resultado de um devir específico da angústia levada ao extremo, a qual sofreria uma transformação ou, mais ainda, uma mutação[40]". Ela formula a hipótese "de uma experiência de proximidade com a morte psíquica" vivida precocemente por esses sujeitos que buscam o gozo do risco. Essa experiência estaria ligada a uma relação particular com a mãe. "Marcada com o selo de um narcisismo eminentemente mortífero, essa relação se organiza e se nodula em torno de um laço estreito, até mesmo opressor, que engendra uma viva hostilidade, precipitando um movimento de separação demasiado precoce[41]". E, por menos que a relação com o pai simbólico seja falha, a angústia mortífera se nodula num laço *de domínio* que torna difícil o estabelecimento de estruturas edipianas estáveis. As condutas de risco, reativando a ameaça de aniquilamento de si, exaltam a sua superação: "A saída seria um triunfo do sentimento de viver sobre o perigo da morte psíquica."

Longe de nós a idéia de reduzir a anorexia mental a uma simples busca de risco; mas essa aproximação se justifica quanto à relação do gozo e da gênese da aliança mãe–filha. A morbidade da anorexia mental é sustentada pelo sistema fechado de seu cenário: nenhum desprendimento, nenhuma abertura para uma suposição qualquer. A dualidade fixa do domínio mãe–filha não per-

---

[39] B. Brusset, "L'anorexie et ses imagos", in *L'Anorexique, le toxicomane et leur famille* (coleção), Paris, E.S.F., 1989, p. 70.

[40] Y. Assedo, op. cit., p. 125.

[41] Ibid., p. 129.

mite à morte enfrentada desempenhar um papel mediador, colocar-se como um limite. Ela é, simplesmente, fascinante, isto é, consumidora.

Devemos, enfim, insistir num mecanismo que a obsessão anoréxica com a absorção alimentar põe em jogo: essa "secreção" de pensamento que o sujeito teme transformar-se em um ato. O contexto de luta ansiosa contra o pensamento de cometer um ato sentido como odioso deve ser aproximado daquilo que se designa na neurose obsessiva sob o termo "fobia de impulsão". O obsessivo é atenazado em si mesmo por um pensamento (ou vários) que o aterroriza e que ele receia que se transforme em ato. É um mesmo movimento de atração–repulsa vivido no terror. Pode ser um desejo de lançar-se no vazio, de matar um ente querido ou de cometer as piores coisas. Um objeto é, aqui, o desencadeador da crise fóbica: o vazio, uma faca, uma arma... Ele põe em marcha uma série infinita de imagens monstruosas nos registros do irrealizável e do aterrorizante. O obsessivo é assombrado pelo momento em que o pensamento bascularia no ato, morte dada ou morte recebida. Ele é prisioneiro de um pensamento do ato que poderia cometer se um nada sobreviesse. É, igualmente, como se já o tivesse cometido. Daí uma vergonha e uma culpa intensas. O objeto tentador o atrai; deve repeli-lo com todas as suas forças, sabendo intimamente que não seria um outro que o levaria a agir, mas uma parte de si mesmo que o horroriza. A fobia de impulsão é, pois, uma forma bastante pura da tentação representada pelo fascínio da morte. Entre a anoréxica e o obsessivo, existe um denominador comum: um objeto que desencadeia uma luta interior, e uma estratégia defensiva de privação e de expectativa. O resultado é que a atenção se concentra nas idéias a expulsar, e em seguida as faz penetrar mais profundamente no espírito para que ele goze disso. A significação profunda desse mecanismo é gozar com um objeto tentador, ao mesmo tempo que com um sujeito tentador, a mãe. Quando as duas forças antagônicas de atração e de repulsa se compensam, o sujeito fica imobilizado e fascinado. Marianne podia ficar horas sentada diante de um prato, aterrorizada e ao mesmo tempo embriagada pela idéia de ingeri-lo. A posição narcísico-passional, longe de se desfazer da tentação, consiste em submeter-se a ela no absoluto de uma imagem estancada, de uma cena onde se petrifica a relação de tentação. O alimento é, então, um ponto de sideração. Na passagem ao ato bulímico, não se trata menos do furor de engolir a comida do que de ser engolido por ela. É aqui que o sujeito se torna "abjeto", fica em si mesmo "imundo", decaído deste mundo.

A produção do abjeto e sua ritualização no jejum privado da anoréxica marcam a falência de um imperativo de exclusão; a "medida certa" se esvai: trata-se de ser nada ou de ser tudo. A nosso ver, a transformação da comida em mácula é, na economia da anoréxica, a única modalidade defensiva restante para se conter numa atração "abjetificadora" pela mãe (mas também para apegar-se a ela). A mácula, nessa economia de gozo, é moeda de troca, preço a pagar. A abjeção de si na via mística e anoréxica fixa uma relação de gozo num excesso desalojado do tempo. A organização fusional de tentação que mantém, ainda assim, uma aparência de distância, deve situar-se no que iremos chamar de o fora-da-sedução da anorexia. O pai não é discernível numa fantasia de sedução organizadora. Objeto parcial da mãe, ou então ser mítico distante e frio, intocado e intocável, ele é uma imago mal diferenciada da qual dificilmente descobrimos a "genitalização". Decerto, puderam aparecer em Marianne a sombra de uma situação triangular e o esboço de fantasias de sedução, vividas sob o modo do temor da agressão e da violação. Entretanto, esse Édipo "de superfície" é pobre na sua organização e incapaz de manter o vigor das fantasias pré-edipianas e pré-genitais.

Indicamos, aqui, um ponto essencial: a pregnância do apego pré-edipiano à mãe e a dificuldade para a jovem anoréxica de ultrapassar essa ligação para que se elabore a mudança do objeto de amor da mãe para o pai.

Capítulo II

A problemática religiosa da conduta de privação

O alimento: objeto de interdição e agente de mácula

A prática religiosa compreende uma face de socialização e de inscrição comunitária, a mais manifesta e extensa, e uma face mais problemática, a do sujeito que se põe em causa, fraquejando nos tormentos de sua paixão. Nessa última dimensão, a relação com o objeto no sagrado revela sua parte mais fascinante. Melhor do que qualquer outra disciplina, a psicanálise mostra como o fascinante se produz e aquilo que ele revela sobre a verdade de um sujeito.

Tanto na mitologia grega quanto na representação bíblica, a questão alimentar está no princípio das relações que se estabelecem entre os deuses e os homens e regula todo um sistema de interditos e exclusões. Inscrevendo uma linha divisória, ela estrutura um espaço, aquele do sagrado, em duas dimensões bifaciais: a de uma transgressão original e fundada sobre o laço social constituído por sua expiação e reparação, com todos os ritos que acompanham, e a de um segredo, de um irrepresentável, lugar de uma não-separação sujeito-objeto, zona de um retorno fusional, fascinante e repulsivo. Assim, de um lado, reparação e socialização, de outro lado terror e indiferenciação. Muitas vezes se destacou a ambigüidade semântica do termo "sagrado", que significa ao mesmo tempo puro e impuro, são (santo) e malsão. O sagrado é, com efeito, ameaçador pela confusão que possibilita. A nosso ver, o que se perde nos mitos fundadores é um corpo originário, um corpo sem falha a que chamamos "corpo gozoso". O corpo é perdido. O que dele conhecemos é uma recomposição de vestígios permitindo fabricar um corpo fictício que vem substituir a ausência do corpo mítico. É um corpo simbolizado. Vamos citar Michel de Certeau: "Buscávamos por toda parte o corpo, e em parte alguma o encontrávamos. A análise só revela dele fragmentos e gestos. Ela observa cabeças, braços, pés, etc., que se articulam em maneiras de comer, de saudar ou de cuidar. São elementos dispostos em séries particulares, mas o corpo, este nunca se encontra. Ele é mítico, no sentido em que o mito é um discurso não experimental que autoriza e regra as práticas. O que faz corpo é uma simbolização sócio-histórica característica de cada grupo[1]."

Depois da falta de Prometeu ou da falta bíblica, só há um corpo dividido, feito de limites e de bordas, um corpo socializado mas de contornos instáveis. A noção de mácula permite abordar as formulações religiosas de suas falhas, a face de indiferenciação do sagrado, onde o corpo se desfaz em suas costuras simbólicas. O paradigma cristão do corpo gozoso é o Cristo ressuscitado, um dos fundamentos essenciais do laço religioso. Para a doutrina cristã, pouco importa que este Cristo tenha ou não uma alma, o importante é que ele tenha um corpo, o que J.-M. Labadie explica nestes termos: "É um corpo sem fenda possível, é uma figuração única reunindo em si ao mesmo tempo carne e espírito (...) O corpo de carne, depois da travessia do túmulo, torna-se liberto das leis do espaço e do tempo, imortal e incorruptível; o corpo espiritual se transforma em corpo "pneumático", o pneuma, ou espírito, substituindo a psique[2]."

Veremos que o discurso sobre o corpo feminino, lugar eleito de sofrimentos e de mortificação, bem como de êxtase e de gozos, é reflexo do discurso sobre o corpo crístico. As mulheres afirmaram-se como tais em distinções marginais, no convento, no sofrimento, possuídas ou santificadas.

Sobre a mácula

Se há uma categoria central na história das religiões é aquela que concerne às interdições rituais ligadas à perspectiva de sua transgressão, suscitando horror, medo, ou mais simplesmente angústia. Assim, a transgressão abre o espaço vertiginoso da vacilação do ser ou da "abjeção", para retomar um termo de Julia Kristeva, território "simples" da morte, da abolição das diferenças. A idéia de mácula é uma de suas figuras mais importantes, ligada particularmente ao alimento, bem como às poluções sexuais: esperma e sangue menstrual. Eis como Kristeva situa o campo da abjeção:

---

1 M. de Cerneau, "Histoires de corps", palestra, revista *Esprit*, fevereiro de 1982, p. 179.

2 J.-M. Labadie, "Le tombeau vide", in *Nouvelle revue de psychanalyse* nº 11, 1975, p. 229.

"A abjeção aparece como rito da mácula e da polução, no paganismo que acompanha as sociedades de dominância ou sobrevivência matrilinear. Ela assume aí o aspecto da exclusão de uma substância (nutritiva ou ligada à sexualidade), cuja operação coincide com o sagrado, já que ela o instaura. A abjeção persiste como exclusão ou tabu (alimentar ou de outra ordem) nas religiões monoteístas, em particular o judaísmo, mas desliza em direção a formas mais secundárias como transgressão (da lei) na mesma economia monoteísta. Encontra, enfim, com o pecado cristão, uma elaboração dialética, integrando-se como alteridade ameaçadora, mas sempre nomeável, sempre totalizável, no verbo cristão[3]."

O corpo humano é a representação privilegiada da mácula, tanto pelo que ele recebe quanto pelo que rejeita. De um objeto profanador a outro, perfila-se a assombração do dejeto, do apodrecimento, do cadáver (*cadere*, em latim: cair), de um eu que perde seus limites e se liqüefaz. O objeto profanador esvazia, repugna e contamina, em definitivo, a totalidade do ser. O interdito ritual (procedimento metafórico de ordenação), ao submeter o sujeito a uma ordem de regras, fixando-o em seu ser social e moral, curva-o a um ascetismo, impõe-lhe uma negatividade: "Ele define as incompatibilidades simbólicas, utilizando-as para significar a desordem, aquela da doença, da infelicidade ou do mal (...) Mácula e interdito são as duas faces estruturais de uma ordem simbólica que define as relações entre Deus e suas criaturas alteradas pelo pecado ou pelas faltas originais, ou aquelas dos homens entre eles...[4]." Para a antropóloga Mary Douglas, a mácula é um "elemento de borda", entre limite e margem. Ela é, numa ordem social, aquilo que escapa ao sistema simbólico, e por conseguinte o confunde. É mácula aquilo que constitui uma desordem, uma falha.

Ao lado do sistema dos interditos alimentares, psicanalistas e antropólogos reconhecem como fundador de toda formação social um outro código, o da interdição do incesto. Freud liga muito claramente, em *Totem e tabu*, a universal "fobia do incesto" com os interditos alimentares. Ele sublinha essa propriedade geral dos tabus de incidir, "na maioria das vezes, sobre objetos comestíveis[5]". "A repulsa alimentar talvez seja a forma mais elementar e mais arcaica da abjeção[6]", podemos ler igualmente em Kristeva.

Tocar e consumir esses objetos impuros equivale, nesse sentido, a uma proximidade incestuosa. A experiência da contaminação pelo devoramento da

---

3 J. Kristeva, *Pouvoirs de l'horreur*, Paris, Seuil, 1980, p. 24.

4 M. Douglas, De la souillure, tr. fr. Anne Guérin, Paris, Maspero, 1981, p. 32.

5 Cf. S. Freud, *Totem et tabou. Quelques concordances entre la vie psychique des sauvages et celle des névrosés*, trad. franc. de M. Weber, Paris, Gallimard, 1993.

6 J. Kristeva, op. cit.

carne une-se ao horror incestuoso, até ser vivida como morte de si mesmo ou "cadaverização".

O jejum, as prescrições rituais e interditos instituem um limite frágil entre o mundo "impossível" da perda e a ordem da vida possível que se preserva, ordem profana. O alimento poluente só aparece como tal dissolvendo essa separação, constituindo o fora-dos-limites.

Figura feminina e mácula

Kristeva observa que, em todo lugar onde aparecem interditos religiosos supostamente protetores contra a mácula, nota-se a importância social e simbólica das mulheres e, em particular, da mãe: "Nas sociedades onde ela ocorre, a ritualização da mácula se acompanha de uma forte preocupação em separar os sexos, o que quer dizer dar direitos aos homens sobre as mulheres. Estas, postas aparentemente em posição de objetos passivos, nem por isso são menos sentidas como potências ardilosas, "intrigantes maléficas" contra as quais os que têm direitos sobre elas devem se proteger[7]." As preocupações gerais concernentes à impureza recortam-se com aquelas dos homens em relação ao corpo feminino.

A partir dos trabalhos de Mary Douglas, sabe-se que nas sociedades onde se tenta estabelecer um poder masculino, este se diz fortemente ameaçado pelo poder "de abjeção" do outro sexo. Este último deve ser mantido à distância, graças a procedimentos ritualizados de proteção.

As categorias poluentes essenciais, o excrementício (e seus equivalentes: podridão, infecções, cadáveres), o menstrual e o alimentar sugerem a Kristeva a existência de laços de contigüidade com o corpo materno: o sangue menstrual é a coisa feminina, o excremento é como o traço do pênis anal de que o imaginário infantil provê o sexo feminino; o alimento como objeto oral que funda a relação do ser humano com a mãe.

Os ritos que giram em torno da mácula seriam outras tantas tentativas de resguardar o sujeito contra sua aspiração original ao corpo materno e de permitir-lhe aceder a seu corpo próprio, isto é, separado e simbolizado. A codificação dos objetos poluentes como abjetos recobre o horror fundamental da união incestuosa. É por isso que Kristeva pode afirmar que, do mesmo modo que a interdição do incesto, "a abjeção é um fenômeno universal: vamos reencontrá-la (seja sob a forma de impureza, de tabu alimentar ou de pecado)

---

[7] J. Kristeva, op. cit., p. 85.

a partir do momento em que se constitui a dimensão simbólica e social do humano[8]".

Essa lógica da separação, operante no domínio alimentar, especifica-se no que toca ao corpo materno interditado, lugar contaminador, de fusão e confusão. Toda uma parte do sagrado tem como função barrar o acesso a ele. O terror suscitado pelo contato com a mácula é o mesmo da relação incestuosa entre o sujeito e sua mãe. E o ato alimentar, quando escapa à conformidade exigível pela lógica das separações, se confunde com o materno como lugar de indiferenciação, de ameaça e de mácula a ser suprimido, como atesta a "abjeção bíblica".

A distinção dos jejuns

O ato alimentar, por suas codificações simbólicas — ritmos, abstinência, privação e mediação culinária, testemunha a exigência e a função da descontinuidade sob a forma da renúncia e do adiamento. Sustentando-se pela alternância e pelo comedimento, inscreve o sujeito numa ordem. Assim, o jejum ritual, tempo instituído de proibição coletiva, repousa sobre uma estrutura de inclusão e de exclusão relativa; ele tem a função de escansão e de união, modalidade de todo sistema simbólico. Distingue-se do jejum e da abstinência "absoluta", próprios a certas vias místicas. Fundado sobre a continuidade da privação, ele é pura negatividade, já que não põe em jogo nenhum par de oposições. Desse modo, excetua o sujeito do processo simbólico e engaja um impulso transgressor.

Assim, a mácula, como ruptura de uma descontinuidade, aparece no momento de uma quebra do arrimo simbólico. Objeto decaído de um sistema de ordem, "ela absorve em si todas as experiências de não-objetividade que acompanham a diferenciação mãe-ser falante, todos os objetos, portanto, daqueles de que o fóbico foge àqueles bordejados pelos sujeitos cindidos[9]". É por isso que podemos dizer que o jejum absoluto, no sentido que lhe damos, é experiência de mácula, entrada no mundo interdito, sujo e mortal do sagrado. Inversamente ao cuidado de socialização exercido por toda cultura para transmitir a coisa alimentar na ordem descontínua, a fim de que os intervalos sejam os mais amplos possíveis, o jejuador, místico ou anoréxica, visa restabelecer o contínuo e confundir o limite simbólico.

---

[8] J. Kristeva, op. cit., p. 83.

[9] J. Kristeva, op. cit., p. 88.

Em busca do sentido da ascese — a apatheia

A morte de si mesmo

Uma história das religiões digna deste nome deve fazer surgir invariáveis, analogias entre séries diferentes a fim de destacar em cada domínio da expressão religiosa um motivo comum. Toda cena mística ou iniciática faz apelo a uma ascese, compreendida como uma oferenda, isto é, a privação voluntária de um prazer ou de um bem, na medida em que essa renúncia é a própria via do poder.

Em Eleusis, o jejum era a regra, no período que precedia a iniciação, como o era para as mulheres quando celebravam as festas de Deméter. Simples vestígio mitológico, qualquer idéia de maceração e de expiação estava ali ausente. Deméter, à procura de sua filha, havia recusado por nove dias todo alimento e toda bebida. Este era o jejum reproduzido pelo candidato à iniciação nos mistérios dessa deusa. É possível, aliás, que isso houvesse sido instituído, originalmente, por ocasião de alguma calamidade extraordinária, dando, assim, nascimento ao mito. Segundo as tradições orientais e egípcias, com efeito, o jejum parece ter sido dirigido contra a ação maléfica dos demônios. Ele aparece, com muita freqüência, como a repetição de um acontecimento importante numa comunidade, e marca uma ruptura, uma versão original de uma história.

Segundo R. Caillois, "o asceta que aumenta seus poderes na medida em que diminui seus gozos afasta-se dos homens, aproxima-se dos Deuses e logo se torna rival destes[10]". Trata-se, realmente, de abolir um afastamento, uma distância, uma diferença, logo, de abrir-se à continuidade, o análogo do divino. Também se rejeita, para alcançar a vida divina, tudo o que se origina da descontinuidade apaziguadora da vida comum ou profana: o sono, a fala, a sociedade de outrem, o trabalho, a comida, as relações sexuais...

"Procurem, de preferência, não o mais fácil, mas o mais difícil
"Não o que agrada, mas o que desagrada;
"Não o que consola, mas o que aflige;
"Não o que repousa, mas o que fatiga;
"Não o mais, mas o menos", diz São João da Cruz[11].

---

[10] R. Caillois, *L'Homme et le sacré*, Paris, Idées/Gallimard, 1963, p. 29.

[11] São João da Cruz, *Avis et Maximes*, in *Oeuvres spirituelles*, éditions Du Seuil, trad. franc. de R.P. Grégoire de Saint-Joseph, Paris, 1947.

É preciso romper com tudo aquilo que liga às evidências da vida normal, ainda que ao preço da conservação da existência. Esse projeto de morte de si mesmo é condição do acesso ao sagrado, ao gozo divino. O arrebatamento se ganha extraindo-se à vida comum. Das religiões primitivas até a mística cristã, encontramos essa mesma visada. "De uma religião a outra, de uma gnose ou uma sabedoria a outra, permanece um elemento comum, uma invariante que se poderia definir da seguinte maneira: o acesso à vida espiritual ou santificada comporta sempre a morte à condição profana, seguida por um novo nascimento[12]." E, nas sociedades tradicionais, onde sagrado e profano interagem, os ritos de passagem, os ritos da puberdade, por exemplo, têm essa significação.

Dentre todas as tradições ascéticas, a ascese cristã é a que mais avançou no caminho da renúncia. Vamos pensar nos santos do deserto dos primeiros séculos de nossa era, no Egito, na Palestina e na Síria, e no prodigioso refinamento mortífero de suas privações. O anacoreta torna-se um campeão de frugalidade ou de resistência que não se detém diante de nenhuma extravagância, tal como o jejum kafkiano. Um só come alimentos estragados, outros fecham-se em celas onde não podem ficar nem de pé, nem deitados; alguns vivem ao ar livre, expostos a todos os rigores das estações; outros recusam ao corpo todo alimento cozido e só se alimentam de ervas.

O Ocidente, tão amplamente aberto à vida monástica desde meados do Século IV, quase não se aclimatará à vida do anacoreta: o perigo do individualismo o apavora e, se aceita a idéia da solidão dos eremitas, reserva-a apenas àqueles a quem uma longa permanência em mosteiro terá preparado para enfrentar (regra de São Bento). Coube a São Pacômio estabelecer a primeira forma de cenobitismo cristão, pela instituição de uma regra e um hábito comuns. A regra introduz a medida nos modos ascéticos. Estabelecida por uma comunidade, ela fixa um mínimo, portanto, um regime praticável por todos os temperamentos, todas as saúdes normais. As iniciativas individuais devem ser apreciadas pelo padre superior, a fim de refrear a efusão mística a-comunitária, pelo recurso a um terceiro mediador.

As muito freqüentes exortações à virtude nos Evangelhos e nas Epístolas mostram que o cristianismo é uma religião de esforços, uma religião ascética. Conhecem-se as recomendações morais das Epístolas de Paulo. Com diferenças de acento e de estilo, elas se encontram nas cartas dos outros apóstolos. A Epístola de Judas designa os ímpios pela perífrase: "aqueles que caminham segundo seus desejos" (Judas, 16). O que equivale a dizer que não existe ver-

[12] M. Éliade, *Le Sacré et le Profane*, Paris, Idées/Gallimard, ed. 1983, p. 170.

dadeira piedade sem a repressão dos "maus desejos", sem a mortificação interior. É em direção à perfeição e à santidade que todos esses conselhos de virtude tendem a dirigir as almas.

O deserto ou o vazio como lugar de plenitude

O deserto é o cenário eleito e original onde se desenrola a "*gesta* ascética".

A terra desértica é o espaço universal do despojamento, do Um, do aplainamento, na medida em que ela é representação, metáfora do deserto interior. Ela dá o sentido de uma interioridade oculta a se reencontrar, e é, pois, lugar de emergência e de revelação. Por isso, as privações que ela implica são principalmente o jejum, o arrancamento ao peso do mundo, a projeção no Vazio — que não se deve confundir com o nada. "O grande vazio" que o meditante percebe e de que participa é o oposto do niilismo. Ele é suprema plenitude.

"A ascese seria uma cultura de aniquilamento ou um esforço para respirar no vazio, sem produção específica de subjetividade[13]." Maneira de extinguir o ruído e a exaltação do contato do ser ou do sujeito com a realidade, de apagar o limite entre interior e exterior. Esse vazio é negatividade pura: desde que não tem fim nem começo, está mergulhado no infinito onde se unem as contradições. Esse vazio teria qualidade do pleno, de um nada substancial, outras tantas expressões paradoxais que permitem à teologia negativa testemunhar da inefável relação do homem com Deus. "O Vazio é a face de Deus, na medida em que está voltada para o homem, aquilo que o homem pode apreender de Deus, um Nada puro[14]."

O deserto, na tradição bíblica, é o lugar da amizade e da intimidade com Deus. É a réplica da criação divina, antes que o homem ponha ali "seu grão de sal". Votado ao infinito, à eternidade, o eremita situa-se no inumano, no transpessoal. "Ele é o ser que sustenta o seu ser por si mesmo, que não precisa de nenhum outro além dele mesmo para existir[15]", ser de auto-engendramento e de auto-suficiência, sem divisão. Lugar das origens e dos fins, ponto último de fusão, o deserto é o espaço do ser que se fecha em si mesmo.

Uma das referências evangélicas essenciais ao deserto relaciona-se ao episódio da tentação de Jesus. Depois de ter sido batizado por João, o anunciador, aquele cuja vida é inteiramente posta sob o signo da ascese e da

---

13 M. Foucault, *Histoire de la sexualité*, t. II: *L'Usage des plaisirs*, Paris, Gallimard, 1984, p. 124.

14 R. Laporte, "Au-delà de l'*horror vacui*", in *Nouvelle revue de psychanalyse* nº 11, 1975, p. 119

15 A. Abecassis, "L'expérience du désert dans la mentalité hébraïque", in *Cahier de l'université Saint-Jean de Jérusalem*, Paris, Berg International, nº 8, 1983, p. 101.

penitência, Jesus, pleno do Espírito Santo, partiu para o deserto, a fim de jejuar, sendo ali durante quarenta dias tentado pelo diabo. Em seguida, rompe definitivamente com sua família, escolhe seus discípulos e vai difundir seu ensinamento. Logo, é através de um jejum que o Cristo se prepara para seu ministério e para a realização do mistério pascal. Um papel realmente estrutural cabe, assim, ao jejum na iluminação e santificação cristãs.

Os quarenta dias do jejum de Jesus evocam aquele de Moisés no Sinai. Jesus é o novo, o verdadeiro Moisés que veio trazer a nova lei e a libertação a seu povo. Seu jejum anuncia e prepara sua obra de redenção pela cruz: recusando o alimento terrestre e os gestos dos taumaturgos, tentações que o fariam entrar nas vias de um triunfo messiânico temporal, ele manifesta a vontade de se alimentar somente da vontade de seu pai, o que o irá conduzir à morte na cruz. Desse mesmo modo ele revive as provações de Israel no deserto e, em triunfo, ele surge como o verdadeiro Israel, representando em sua pessoa "o pequeno resto messiânico". Este é o movimento, já evocado, de um retorno a uma origem.

A fascinação exercida pelo jejum de Cristo vem também do fato de que ele faz existir a tentação e a força dez vezes aumentada do desejo, engajando um combate monstruoso com que o asceta não deixa de se deleitar. O jejum é a condição de uma tentação a ser buscada.

Santo Antão, no ano 250 d.C., inaugura a longa marcha do ascetismo cristão. Ele é o seu modelo, para não dizer uma imagem de Épinal. Aos vinte anos, retira-se para um sepulcro afastado da aldeia, enterra-se vivo e entrega-se a uma ascese rigorosa: jejum, austeridade, noites sem sono. Nesse túmulo, experimenta as famosas tentações que farão sua celebridade: aterrorizantes e fabulosas personificações do mal, expressões apavorantes de Satã, figuras da morte formam esse odioso sabá a que ele se aferra. Fortificado por essa provação, ele deixa o sepulcro e sai para a luz, avançando mais ainda no deserto, submetendo-se aos assaltos do mal, mortificando-se, jejuando no meio de seu teatro de sombras, para "tornar-se um anjo entre os anjos".

O percurso dos ascetas que o sucedem (Paulo de Tebas, Macário, Pacômio)[16] é mais ou menos um recobrimento do seu. Trata-se sempre de combater as inclinações de sua natureza decaída, crucificar-se (é preciso assemelhar-se ao Cristo) nos efeitos despedaçadores da privação cada vez mais exorbitantes, exaltar a ordem aterrorizante do desejo... para jamais extingui-lo. Da tentação — experiência paroxística do Demônio, do pecado, da morte ou

[16] Cf. J. Lacarrière, *Les Hommes ivres de Dieu*, Paris, Fayard, 1975.

da mácula — à elevação, ganham-se as delícias da santidade. O empreendimento envolve um desafio e um combate, sustentados, a nosso ver, por uma fantasia regressiva de transformação e de metamorfose, renascimento de um corpo fora-do-sexo, réplica do corpo místico do Cristo ressuscitado.

Toda trajetória ascética funda-se na idéia de uma conversão de estado. Não se trata da obediência do fiel às palavras de Deus, mas da vontade de ser este deus. Jean-Pierre Vernant o exprime muito bem, esclarecendo-nos sobre o ascético órfico: "Proibindo-se de verter o sangue de qualquer animal, afastando-se dos alimentos carnais para se consagrar a uma vida de ascese totalmente pura — e ao mesmo tempo inteiramente estranha às normas sociais e religiosas da cidade — os homens se despojariam de tudo o que sua natureza comporta de titânico; eles reintegrariam em Dionísio essa parte deles mesmos que é divina[17]." O asceta tenta (e é tentado por) um retorno a uma unidade original que fará esquecer o desmembramento e a recomposição impostos pela condição humana, ou seja, o homem na medida em que é necessariamente marcado pela linguagem.

Assim, na proposição fundamental: "Para viver a vida divina, é preciso morrer", deve-se doravante entender, não morrer como desaparição passiva de si, nadificação, mas a trajetória gigantesca de uma negação, ativa e voluptuosa, daquilo que serve à manutenção comum da vida, como condição de plenitude. O jejum só é compreensível se re-situado no interior desse projeto absoluto. Ele é, então, efeito de uma conduta de ultrapassamento, de uma infinita superação de si mesmo para se pegar com a morte.

A apatheia

A *apatheia* designa, em teologia, um ponto de realização na conquista da intimidade divina: ausência de paixões e, em conseqüência, tranqüilidade da alma chegada ao perfeito desprendimento, ou mesmo à impecabilidade. Na doutrina primitiva cristã, a *apatheia* é um estado de semelhança com Deus, definido como o desaparecimento do desejo identificado ao pecado. O cristão perfeito atinge, assim, um estado de calma e de indiferença. As únicas impressões que consente em experimentar são aquelas provenientes da permanência do corpo: a fome, a sede, o sono. O Salvador (como toda criatura divina) estava isento dessas necessidades. Se comia, se bebia, era por condescendência, para

[17] J.-P. Vernant, "À la table des hommes", in M. Detienne e J.-P. Vernant, *La Cuisine du sacrifice en pays grec*, Paris, Gallimard, 1979, p. 83.

não dar a crer a seus discípulos que tinha somente uma aparência de corpo. Servia-se dos bens terrestres como se não tivesse uso para eles.

A apatia é, assim, o efeito de uma conquista e de um combate metódico. A anoréxica, por sua vez, define freqüentemente seu estado como uma luta com vistas a uma espécie de poder. "Se a vontade humana é tão poderosa, ela deve dominar suas paixões a ponto de suprimi-las. O cristão, e é a este preço que ele não pecará e atingirá a perfeição, irá extirpar então de sua alma a própria raiz das paixões, e chegará à insensibilidade completa, à *apatheia*, onde não mais será perturbado, mas será tão insensível quanto uma rocha e tão impassível quanto o próprio Deus[18]."

Em oposição à ascese "de medida" e de comunidade, reservamos o qualificativo de místico a todos os estados enigmáticos de "contemplação infusa". "A teologia ascética tem por objetivo dirigir as almas na luta contra o pecado e no progresso da virtude, enquanto a teologia mística trata de coisas mais ocultas e misteriosas: da união íntima da alma com Deus...[19]."

Há, pois, duas espécies de conduta ascética: uma fundada numa ritualização da privação e incluindo um jejum relativo ou de descontinuidade, outra envolvendo um jejum absoluto, contínuo, e que fabrica uma mística; por um lado, uma ascese litúrgica (purgativa), por outro, uma ascese apática; uma face de defesa e de socialização, e uma face que quer se dizer "gozo". Vamos notar, de passagem, que Sade, para justificar seu método libertino, apropria-se da noção de *apatheia* para elevar sua significação religiosa "de indiferença" à condição "ascética" de um ideal de gozo: "A prática da apatia como *ratio libertina* é essencialmente prática de um método: arte de intensificar o gozo, uma técnica refinada de exasperação da paixão[20]."

Conduta e desafio místicos: uma abordagem da transgressão

Em termos fenomenológicos, o que se revela da experiência mística, para ficarmos apenas nos relatos mais famosos, testemunha o estado de uma consciência vacilante, retirada de si por um movimento de captura: "Arrebatamento, elevação, vôo do espírito, enlevo, tudo é o mesmo, e esses nomes diferentes exprimem somente uma mesma coisa, a que chamamos também de êxtase[21]."

---

[18] *Dictionnaire de spiritualité*, verbete "Apatheia", G. Bardy, Beauchesne, Paris, ed. 1937, p. 738.

[19] P. Masson, *Vie chrétienne et vie spirituelle*, Paris, 1929, p. 4.

[20] M. Henaff, *Sade, l'invention du corps libertin*, Paris, P.U.F., 1978, p. 110.

[21] Teresa d'Ávila, *Ma vie*, in *Oeuvres complètes*, Paris, Fayard, 1962, p. 179.

Experiência que testemunha a perda do sentido discursivo e do conceitual: "A alma não mais quer ser senhora de si, nem do que quer que seja (...) A alma adquire aqui uma soberania universal[22]." Trata-se de se unir à essencialidade de Deus, "que é impossível dizer ou conceber o que venha a ser precisamente (...) mas (que é) objeto de celebração daquilo que transcende toda condição, todo movimento, todo discurso, bem como todo raciocínio, toda união, limite...[23]". Que se esgotem os recursos da representação e da figura, em proveito de uma substância inapreensível de um "grito puro" que marca a união com Deus! Aqui, "fala alguma coisa do corpo (principalmente do corpo feminino) que não tem nenhuma linguagem na civilização e que não tem mais marcas num simbólico. Nada responde por isso. Súbitas violências, irrupções, experiências de possuídos ou de místicos, elas abrem exibições de corpo no tecido do código[24]".

Os abades ou confessores dedicaram-se pacientemente a monografar as vidas dos santos, a decifrar o sentido desses corpos falantes, a pôr palavras no excesso e no transbordamento. A consciência masculina expõe em modelos doutrinários aquilo que do corpo feminino lhe faz violência.

A transgressão

Littré define a transgressão como "esse ponto onde se ultrapassa um limite comum", extraterritorializa-se: o extraordinário, o fora do sujeito. Ele acrescenta: "aquilo que ultrapassa uma medida importante", seja de todo estado neutro ou, ao contrário, aquilo que traduz uma exacerbação das tensões, aspiração extrema onde apenas importa a intensidade levada a seu ponto mais alto. Littré vê aí violência, ultraje e aquilo que define esse escândalo e essa desordem: um deslizamento vertiginoso, o ilimitado do pensamento.

Viver o excesso é aquilo que, no momento em que com ele me deparo, me dá um gosto de aniquilamento. "Viver o excesso é viver numa superabundância jamais controlável. O excessivamente pleno transborda sempre e jamais é recuperável[25]", a não ser no vazio da morte. Viver o excesso — e este é seu mais vivo paradoxo — é desejar até a renúncia: morte, consumição, despossessão... Aproximar-se da morte o mais perto que se pode suportar,

---

22 Ibid., p. 189.

23 Pseudo-Dênis, o Areopagita, in *Patrologie de Migne*, citado por A. Arnaud, G. Excoffon-Laffarge, *Bataille*, Paris, Seuil, coleção Écrivains de toujours, 1978, p. 27.

24 M. de Certeau, "Histoires de corps", op. cit., p. 184.

25 A. Arnaud, G. Excoffon-Laffarge, op. cit., p. 172.

ponto onde se desfalece. Não há mais que este corpo que grita e sofre; trata-se de perder pé, embriagar-se, soçobrar. O místico é aquele que se perde para reencontrar-se num "Outro" que o arranca de si mesmo.

Em um artigo brilhante, Michel Foucault define a transgressão como "um gesto que concerne ao limite; é aí, nessa estreiteza da linha, que se manifesta o clarão de sua passagem, mas talvez também sua trajetória na sua totalidade, sua própria origem (...) A transgressão franqueia e não cessa de recomeçar a franquear uma linha que, por trás de si, logo se torna a fechar numa vaga de pouca memória, recuando assim, novamente, até o horizonte do infranqueável[26]". Logo, não há linha de franqueamento para além da qual se cumpriria esse movimento transgressivo, mas um dispêndio infinito. Esta *afirmação não positiva* define aquilo que Maurice Blanchot, por sua vez, chama de princípio de contestação e que iremos nomear como desafio no que concerne aos místicos. Desafiar é dirigir-se "ao coração vazio onde o ser atinge o seu limite[27]", ali onde o sujeito se define no dilaceramento. Na sua relação com a lei, a transgressão não é um movimento que viria descobrir o que o interdito recobre. Não é a relação de falta a um preenchimento, e sim uma conjugação, um jogo de forças. Se suspende, por algum tempo, o interdito, ela não o suprime. Assim, deve-se ligar a transgressão à experiência dos limites. É preciso reatar seu laço, incessantemente desfeito, impossível e necessário. "A transgressão é, assim, ligada ao fracasso, pois que leva o sujeito até o ponto onde este desfalece, onde se perde. Ela mesma se afirma como irrealização, movimento sempre a ser retomado[28]." No ponto extremo, ela é sem objeto e o sujeito da transgressão é abandonado ao *vazio* de sua experiência. O que vale não é o objeto transgredido, mas o movimento que, indefinido, transporta: "A realização inevitável daquilo que é impossível de realizar, isso seria o próprio morrer[29]."

A exaustão mística e o jejum anoréxico, no excesso de suas privações, o redobramento de seus sofrimentos, devem portanto ser considerados nesse movimento de transgressão; eles só alcançam, à beira da morte, o gozo, o terror ou a angústia como pontos de condensação.

---

[26] M. Foucault, "Préface à la transgression" (em homenagem a Georges Bataille) in revista *Critique*, nº 195-196, 1963, pp. 751 e 755, retomado por Foucault, in *Dits et écrits*, t.I, Paris, Gallimard, 1994, pp. 233 a 250.

[27] M. Foucault, op. cit., p. 756.

[28] A. Arnaud, G. Excoffon-Laffarge, *Bataille*, op. cit., p. 99.

[29] M. Blanchot, *Faux pas*, Paris, Gallimard, 1943, p. 147.

O limite

A questão do limite não cessou de se apresentar a Freud em sua teoria: a tópica do aparelho psíquico, a ultrapassagem dos limiares do recalcamento, a pára-excitação, etc. Serge Leclaire põe em evidência, na dinâmica do pensamento freudiano, o exercício refinado de um movimento de franqueamento, do recuo do limite[30].

Uma vez que o eu se organiza em "limites" e "bordas" (limites intrapsíquicos e limites que o separam de seus objetos), surge a questão do remanejamento destes, de sua mobilidade, como possibilidades de deixar emergir as capacidades de simbolização da psique. Deve-se ainda associar a essa noção de limite aquela de limiar de intensidade, a fim de dar conta da energética do aparelho psíquico, como o exprime a questão formulada por Jean Cournut: "A partir de que limiar de intensidade este sistema afeto–representação–recalque é eventualmente ultrapassado, a ponto de que os aumentos de excitação inundem os limites internos e externos do aparelho psíquico[31]?" A partir de que limiar de intensidade uma representação se torna insuportável, a psique é perturbada e aparecem as falhas da simbolização? Quando a força pulsional supera o jogo dos processos de ligação–desligamento, o sujeito, assediado por seus objetos, é ultrapassado na sua capacidade defensiva: ele fica siderado, apaga-se ou desatina. A paixão em que o sujeito se confunde com seu objeto, possuindo-o ou sendo possuído por ele (do jogador inveterado à divina amorosa), é essa figura de existência onde o transbordamento pulsional ameaça arrastar os limites.

Vamos observar que, para além dessas experiências patológicas, ninguém escapa a situações "comuns" de transbordamento que são, por exemplo, o pesadelo, quando o sonho, superado na sua função de figurabilidade por um excesso de excitação, não mais desempenha seu papel de guardião do sono; o orgasmo, quando, no auge de um estado de excitação, vem como que "uma pequena morte" culminar o gozo; enfim, o riso incontrolável, modalidade comum desta mesma falha. Nos três casos, da angústia ao gozo, um limite foi excedido. *Isso* transborda. "Passado um certo limiar", acrescenta Cournut, "eis que qualidades afetivas e imagens flamejam e fundem-se num deslanchamento numa difusão corpo e alma[32]." Essa consideração sobre os franqueamentos de

---

[30] Cf. S. Leclaire, *Rompre les charmes*, Paris, Inter-Éditions, 1981.

[31] J. Cournut, "Les seuils d'intensité affective", in *Revue française de psychanalyse*, t. LVI, 1992, p. 646.

[32] J. Cournut, op. cit., p. 650.

limite vai nos levar a pensar esse *tempo* do sujeito possuído, arrebatado ou mártir: o tempo da paixão.

Judaísmo e cristianismo: duas abordagens diferentes da mácula

Se aceitamos ver, na noção de mácula, uma negatividade pura, isto é, uma aspiração transgressiva a dissolver os limites inerentes a toda ordem social, a abordagem do judaísmo e do cristianismo permite destacar dois aspectos diferentes, que esclarecem um ao outro. O judaísmo, a partir de uma regra estrita que distingue contatos puros e impuros (em particular no que concerne à alimentação), procede de um sistema de divisão que faz dele uma religião "super-simbólica". A "marcação" judaica dos alimentos como puros e impuros inscreve uma linha estrita de divisão entre o comestível e o incomestível; de certa maneira, ele legifera sobre a conduta alimentar. Nesse sentido, as relações com a divindade são simples, na medida em que regidas por um "contrato alimentar".

O Novo Testamento, em contrapartida, está isento de qualquer prescrição alimentar. Nem mesmo o jejum é nele um tema insistente. Entretanto, é dele que irá nascer um prodigioso furor ascético. As insensatas experiências de privação suscitadas pelo cristianismo fundam o reconhecimento, ao lado do jejum ritual, restrição relativa e fermento de equilíbrio, de um jejum místico "absoluto", onde o ser se eleva, se santifica na proporção de sua dissolução. Sua diferença da lógica judaica permite avaliar o advento da cristandade com relação ao alimentar e, mais amplamente, à mácula.

Quando Cristo diz: "Não é o que entra pela boca que profana o homem; mas o que sai da boca, eis o que profana o homem" (Mateus 15, 11), ou ainda: "Nada do que entra nele e que lhe é exterior pode profaná-lo; é o que sai do homem que profana o homem" (Marcos, 7, 15), põe um termo à clivagem judaica entre uma matéria pura e uma impura. Nada do que é exterior é capaz de ameaçar; o perigo vem do interior do homem. A partir daí, acaba a necessidade de qualquer interdição alimentar e desaparece a noção do contato impuro. Entretanto, a mácula não é anulada; passando para o lado do sujeito e invadindo-o totalmente, ela é interiorizada e não se resolve em nenhum outro lugar. O homem é, assim, dilacerado, alterado por dentro por uma repugnância com relação a seu ser, doravante dividido. Compreende-se que no princípio da sua purificação, isto é, de suas redescobertas sobre a substância divina, ele tenha de dar provas de um desapego de si mesmo, precisamente, de uma estase, morte de um interior odioso. Nesse movimento de superação, de que a ressurreição do Cristo é o paradigma, é possível ver o sentido de uma metamorfose, essa passagem de um estado a um outro designada pelo termo alquímico de sublimação, e que é efetuada pelo *élan* místico.

Como espaço interior, é evidente que o corpo torna-se o lugar privilegiado de toda conceitualização da mácula ou do pecado, sujeira metafórica da alma. Receptáculo de abjeção, ele reúne os temas abominados da tradição bíblica; a feminilidade ameaçadora, o dejeto, o cadáver. O mal que sou, remetendo-me à falta de Adão, me separa, me divide do ideal de pureza que é o Cristo. A via ascética tende a fazer desaparecer separação e divisão. É a essa vontade que está suspenso o "jejum absoluto". Este, por não ser obra de nenhum mandamento divino, mas oriundo de experiências místicas isoladas, não poderia, no entanto, ser considerado como simplesmente anedótico. Ele é uma expressão muito pura da lógica cristã, a partir dessa conversão de um exterior a ser dominado (o Antigo Testamento) em um interior a ser morto (os Evangelhos).

Julia Kristeva observa que a mácula cristã, "ingerida, absorvida, poderíamos dizer, é nisso uma reconciliação com o princípio materno. Freud, aliás, o ressaltou em *Moisés e o Monoteísmo*, indicando que a religião cristã é um compromisso entre o paganismo e o monoteísmo judaico. A lógica bíblica permanece, no entanto, ainda que invertida (é o interior que é faltoso, e não mais o exterior): vamos descobri-la na persistência das operações de divisão, separação, diferenciação[33]".

Ingerida, a mácula, por um movimento de interiorização, vai então recobrir a noção de uma culpa devoradora. O cristão, não estando mais numa relação de exterioridade com a mácula, passa do estatuto de ser de abjeção àquele de sujeito da falta. O Cristo e o corpo de sofrimento oferecido aos olhares, em remissão dos pecados, torna-se o conjunto fantasmatizado, o impossível que alguns se extenuaram para alcançar: "O pecado, mesmo que sempre prometido à remissão, permanece o rochedo onde se prova a condição humana como separada, corpo e espírito, corpo decaído do espírito. Uma condição impossível, irreconciliável e, nisso mesmo, real[34]."

O cristianismo, situando a mácula no interior do sujeito, define este último como um maldito, consumidor de interditos e faz dele um ser dilacerado, em perpétuo arrependimento. Sua proximidade orgânica com o mal, poderíamos dizer, abre para ele a via comovente do sagrado, isto é, fá-lo entrar numa lógica do franqueamento, do mais-além. (A mulher está, sem dúvida, numa relação particular, mais "trágica", com esse franqueamento.)

---

[33] J. Kristeva, *Pouvoirs de l'horreur*, op. cit., p. 140.

[34] Julia Kristeva, op. cit., p. 142.

O jejum "absoluto", eixo da ascese cristã, regime místico, não respondendo ao princípio de separação e de alternância de todo sistema simbólico, deve ser distinto do jejum ritual "relativo" que inscreve separação e alternância, e portanto a descontinuidade que torna a vida suportável. Num contexto profano, a conduta alimentar normal, pelos gostos, ritmos e hábitos marcando escansão e diferença, é uma maneira de jejum relativo, ao passo que a anorexia ou a bulimia, fechando-se para os ritmos e as medidas, assumem o sentido do jejum absoluto.

O ascetismo religioso é a sua expressão extrema; uma aberração da conduta de renúncia e de abnegação por uma "felicidade" por vir, "alhures" (que não deixa de ser acompanhada por uma erotização do sofrimento). Ele exemplariza a recusa de si e do mundo na atração para Deus, ideal de perfeição, figura fora-do-mundo. A fórmula, sem dúvida imprecisa, de aberração da conduta de renúncia, esclarece, no entanto, o excesso místico da privação que leva a conduta religiosa ao limite das possibilidades de um sujeito. Se o fiel (ou o crente) instala a medida e vela pela manutenção da distância entre si mesmo e a deidade, em outros termos, recua diante da demasiada proximidade daquilo que aparece sempre como "um desconhecido", um vazio aterrador, o místico vai adiante desse vazio. É este desafio e seu avanço no próprio coração da ausência que constituem sua provação. Essa lógica da renúncia confina uma cultura de domínio visando um saber incomunicável e inefável: o gozo místico.

A anorexia e a questão do mal

> *"Não havia mais do que isso em mim, o mal."*
>
> Valérie Valère

O limite e o mal

O objeto poluente perfura, revolta e afeta definitivamente o ser por inteiro. O interdito ritual (procedimento metafórico de ordenação), ligando o sujeito a uma ordem de regras, fixando-o de certa forma em seu ser social e moral, submete-o a uma ascética, uma negatividade relativa. Ele situa as incompatibilidades simbólicas, utilizando-as para significar a desordem, aquela da doença, da infelicidade ou do mal. Quanto mais frágeis ou insuficientes os limites de um sistema, quando as sanções ou as reprovações são incertas, mais ativa é a contaminação, como que por um efeito de rebatimento: "De alto a baixo do edifício social, forças políticas e econômicas intervêm para manter o sistema. Mas quando essas linhas de demarcação são precárias, são as noções de polução que vêm em seu socorro. Franquear uma barreira social é considerado como uma mácula temível, que acarreta uma ou outra das conseqüências que acabamos de enumerar. O autor da mácula torna-se objeto da reprovação geral, e isso por dois motivos: porque franqueou o limite, e por constituir um perigo para outrem[35]." A escalada da mácula e as medidas rituais de proteção estão na medida da fraqueza do dispositivo simbólico; para um sujeito, é a fraqueza do pai, na sua função de limite, que está, então, em causa.

A elaboração dos objetos de mácula (sob a forma do alimento) constitui definitivamente uma formação secundária e defensiva contra a vertigem dada por esse "furo" na barreira dos limites internos; ela é o que permite resistir contra o horror que ele evoca: "o olho desse vazio". (Ela é o que permite resistir a uma corrente de tentação.) Esse objeto de polução é uma última muralha de proteção contra o apelo "abjeto" a um retorno ao interior da mãe. Ele representa, sob este título, o Mal absoluto. Mal que toca o ser como por contágio ou possessão: coisa distinta e indistinta de si, fantasma de objeto, sub-reptício e insinuante. São "esses semi-objetos", nos diz Kristeva, que no processo de constituição da mãe "marcam a transição entre um estado de indiferenciação e um estado de discreção (sujeito/objeto): esses objetos ditos, precisamente, transicionais por Winnicott[36]".

Nossa experiência com sujeitos anoréxicos nos mostrou que, em algum momento da história da doença, aparecem elementos (até mesmo uma rede importante) de ritualização, de conjuração, retomada discreta, em nível privado e profano, das medidas mágicas de neutralização e de salvaguarda opostas à mácula. Assim, Marianne registrara num caderno, que mantinha em segredo, uma lista impressionante de alimentos que havia decomposto em seus conteúdos calóricos e, principalmente, que havia classificado segundo uma simbologia estranha: o peixe estava classificado entre as "matérias moles e esbranquiçadas fracamente poluentes", a carne vermelha se contava entre as "matérias viscosas de alto potencial poluente". Ela lia e relia seu Deuteronômio particular, o que constituía sua elaboração conjuratória da mácula. O sujeito anoréxico vive tudo na linguagem: "Contrariamente à histeria que provoca, implica ou seduz o simbólico, mas não o produz, o sujeito da abjeção é eminentemente produtor de cultura. Seu sintoma é a rejeição e a reconstrução das linguagens[37]".

---

[35] M. Douglas, *De la souillure*, op. cit., p. 153.
[36] J. Kristeva, op. cit., p. 43.
[37] Ibid., p. 57.

O mal, sob esse ponto de vista, é aquilo que é expulso da "possibilidade" e organizado como limite a todo desejo abominável ou aspiração incestuosa. Gozar desse mal, para o anoréxico, é fazer vacilar o limite, fazer rodeios com ele e, assim, não constituir o mal como outro, expulso do interior do corpo e elaborado como uma medida de comportamento, uma norma social e moral. É por isso que se pode construir um "corpo do mal" que descompõe o interior. Esse corpo é vivido como cadáver, coisa morta, inerte ou em decomposição. Marianne falava de seu corpo como de um "pacote", "um troço", um mal bruto. O mal é o cadáver na carne do homem, seu dessecamento, a morte visível no coração mesmo da vida. Sabe-se que a lepra pôde ser a representação mais marcante do resultado da falta, uma espécie de "cadaverização": "Sua representação, em toda a Idade Média, se revela particularmente rica de implicações ideológicas em relação com o mal e, de maneira mais precisa, com o pecado (...) Na lepra, mostra-se bem a figura do pecado, pela mácula com que todo o gênero humano está contaminado, como que por uma espécie de lepra[38]."

A convicção de possuir o mal ou de ser por ele possuído participa tanto de um intenso sentimento de vergonha quanto de um sentimento de elevação ou de excelência adquirida. Portar em si a dor, ou admiti-la em outrem sem fraquejar, constituía, para Marianne, em suas próprias palavras, "um aperfeiçoamento ou um exercício". Para o santo, a mácula ou o aviltamento são as condições de sua mutação.

Perspectivas

Os mitos religiosos dão consistência a um sujeito perdido do gozo, um sujeito de antes da *falta*, "banqueteando-se ao lado dos deuses". Esses relatos de origem expõem um antes e um depois, separados em torno de uma ordenação alimentar. Uma descontinuidade substitui uma continuidade sob as formas culturalmente esparsas da abstinência ritual, da privação ordenada, ou mais simplesmente da medida alimentar. A continuidade "abjeta" ressurge sob os termos variados da mácula, do pecado da carne maldita: outros tantos fermentos de um desfalecer que se experimenta do êxtase ao terror.

A suspensão do ato alimentar na anorexia, bem como no jejum místico, assinala uma subversão da relação com a mácula. Assim, vamos considerar a relação *profana* do sujeito com a mácula, mas mantendo a dinâmica do sagrado que situamos do lado da abjeção de si.

---

38 G. Pichon, "La lèpre et le peché", in *Nouvelle revue de psychanalyse*, nº 38, 1988, pp. 147 e 148.

SEGUNDA PARTE

A paixão da anorexia

Capítulo I

A tentação da anoréxica

A relação da anorexia com a paixão

Furor e tranqüilidade letal, a paixão encarece esse ponto de loucura que Freud vira em todo estado amoroso, esse ponto de mistério "que ainda escapa a toda explicação racional[1]". Quer se trate da paixão amorosa ou da paixão mística (esta última diferindo da primeira somente pelo mais-além do ser amado que visa), ou ainda daquela do toxicômano por sua droga, ou daquela do jogador inveterado, todas apregoam a mesma indiferença a qualquer medida comum de preservação; a vida se exalta à proporção de sua imersão na morte, seguindo uma mesma necessidade mortífera. Como exprime muito bem Denis de Rougemont, em *L'Amour et l'Occident*: "...a paixão é esse instante supremo onde o gozo total é o de perecer (...) Mas esta perda não é sentida como um empobrecimento, muito pelo contrário. Imagina-se viver mais, mais perigosamente, mais magnificamente. É que a aproximação da morte é o aguilhão da sensualidade. Ela agrava, no sentido pleno do termo, o desejo. Agrava-o, mesmo, às vezes até o desejo de matar o outro, ou de matar-se ou soçobrar num naufrágio comum[2]." Assim, deve-se reservar o termo "paixão" a esses estados onde se esboça um certo martírio de si, e não às simples efusões dos amantes, que se apaziguam no *happy end* do casamento. É necessária a "loucura", uma

---

1 *Cf.* S. Freud, "Psychologie des foules et analyse du moi" (1920), in *Essais de psychanalyse*, Paris, Payot, 1981, p. 150.

2 D. de Rougemont, *L"Amour et l'Occident*, 10/18, 1962, p. 43.

inclinação à desordem e à transgressão. "Todas as paixões terminam como uma tragédia", escreve Novalis.

Nessa direção, ninguém melhor que Georges Bataille levou adiante a tentativa de dar à sexualidade a verdade mais grave. Ele trouxe a essa questão o máximo rigor. Entendemos a conduta passional no sentido que Bataille deu ao erotismo sob as formas escolhidas da *experiência interior ou mística*. Essa vida que "se goza", arriscando-se nas fronteiras de sua abolição, é aquela que reconhecemos como mistério no coração do projeto místico e do projeto anoréxico. "A afirmação da vida até na morte é desafio (...) ela é desafio, por indiferença à morte (...) A aproximação da continuidade, a embriaguez da continuidade, dominam a consideração da morte. Depois, para além da embriaguez aberta à vida juvenil, é-nos dado o poder de abordar a morte em face, e de nela ver, enfim, a abertura para a continuidade inteligível, incognoscível, que é o segredo do erotismo, e do qual só o erotismo traz o segredo[3]." A vida mistura-se à morte, abraça-a, abolindo toda distância, por uma incandescência arrancada ao seu enlace, um gozo.

Decifração da paixão

Octave Mannoni[4] observa que o termo "paixão" não pertence ao "vocabulário técnico" da obra freudiana. Ele pertenceria à classe dos "estados patológicos normais", como o sonho, o enamoramento ou o luto. Freud o evoca em "Sobre o narcisismo: uma introdução", sob a forma da paixão amorosa. Ali, ele considera o estudo da vida amorosa como uma via de acesso à dimensão narcísica e à elaboração desta noção na sua teoria.

Numa lógica de partição sexual, Freud distingue dois tipos de escolha de objeto, conforme se trate do homem ou da mulher: o tipo narcísico e o tipo anaclítico. É ao homem que toca, mais fundamentalmente, o tipo anaclítico fundado sobre uma "marca substituta" do primeiro objeto sexual: a mãe. "O pleno amor de objeto segundo o tipo anaclítico é particularmente característico do homem. Ele apresenta a superestima sexual impressionante que tem realmente sua origem no narcisismo originário da criança e responde, portanto, a uma transferência deste narcisismo para o objeto sexual. Esta superestima sexual permite a aparição do estado muito particular da *paixão amorosa*

---

[3] G. Bataille, *L'Érotisme*, éditions de Minuit, 1957, p. 31.

[4] O. Mannoni, "Le passioné ne veut rien savoir", in *Nouvelle revue de psychanalyse*, nº 21, p. 43.

(*Verliebheit*), que faz pensar em uma *compulsão neurótica*, e que se reduz, assim, a um empobrecimento do eu na libido em proveito do objeto[5]." A revelação no amor está ligada ao poder *atrativo* do objeto cobiçado, através do jogo narcísico que ali se engaja. O objeto amado torna-se depositário do ideal narcísico e cria as condições de um laço de fascinação, um laço passional. Em "Psicologia das massas e análise do eu", Freud descreve o estado amoroso a partir de seus desenvolvimentos extremos: o fascínio e a sujeição amorosa; aqui o eu está "empobrecido, abandonou-se ao objeto, colocou este último no lugar de seu elemento constitutivo mais importante[6].

Por sua vez, a mulher amaria segundo o tipo narcísico, de certa forma oposto à escolha anaclítica. Segundo o tipo narcísico, as mulheres amariam apenas, "estritamente falando, a si mesmas, mais ou menos tão intensamente quanto o homem as ama. Sua necessidade não as faz tender a amar, mas a serem amadas, e agrada-lhes o homem que preenche essa condição[7]". Na relação amorosa, o homem teria por função ser o "provedor narcísico" da demanda feminina. O homem, de certo modo, se esvazia, ao passo que a mulher se preenche. Mas essa capacidade do ser, segundo o tipo narcísico, de bastar a si mesmo, ou de esperar do outro, passivamente, o alimento que nutriria sua imagem, não é o terreno de eleição da *Verliebheit* freudiana. Na relação amorosa segundo o tipo anaclítico, a paixão torna-se sofrimento quando se espera do outro a redescoberta de um ideal perdido. Mas, como o ideal não pode ser apreendido como totalidade absoluta, "ele só pode ser a negação de uma falta visando um estado ideal, ele só pode ser abordado como objeto ideal, por um sujeito no desamparo[8]". Um objeto da paixão amorosa como substituto idealizado da mãe faltosa excederá o eu, que irá se perder ao se buscar no objeto. Disposto a perder-se, o apaixonado não renuncia. Esse caráter de exclusividade e de imperiosa necessidade define o laço passional cuja gênese deve ser procurada na relação primeira com a mãe. Freud escreve, em "Contribuições à psicologia da vida amorosa": "A supervalorização que faz com que a mulher amada seja a única, a insubstituível, integra-se de maneira inteiramente natural ao contexto da infância, pois jamais se possui mais que uma mãe, e a relação com a mãe tem por base um acontecimento que não se presta a qualquer

---

5 S. Freud, "Pour introduire le narcissisme"(1914), in *La Vie sexuelle*, trad. franc. de J. Laplanche, Paris, P.U.F., 1973, p. 94. Os termos grifados o foram por nós.

6 S. Freud, "Psychologie des foules et analyse du moi" (1921), in *Essais de psychanalyse*, op. cit., p. 178.

8 F. Gantheret, "Les miroirs de la passion", in *Nouvelle revue de psychanalyse*, nº 21, 1980, p. 274.

dúvida e que não se poderia repetir[9]." Concebido a partir do modelo materno, o objeto amado logo se tornará aquele de quem se irá temer as falhas, "as faltas de respostas". Em caráter extremo, não se deverá mais enlaçá-lo, e sim aprisioná-lo, possuí-lo. O destino "canibalístico" da paixão amorosa vai nos abrir caminho para aquilo a que se chama, de modo mais amplo, de *estados passionais.*

Os estados passionais

É a Gaëtan de Clérambault que se deve a localização dos estados passionais na paisagem nosográfica, ou seja, os três delírios passionais: a erotomania, o delírio de reivindicação e o delírio de ciúmes.

O objeto do amor erotomaníaco, exclusivo e idealizado, caracteriza-se por não poder conhecer a felicidade sem o amante; sem este, ele não tem valor. Assim, por exemplo, seus compromissos matrimoniais são nulos. Clérambault dá a fórmula da erotomania: "É o objeto que começou, e é ele quem mais ama, ou que ama sozinho[10]." E este objeto (escolhido, na maioria das vezes, por sua posição social elevada) é de certa forma uma duplicata idealizada do sujeito delirante. Forma, com este último, uma união evidente. A origem de todo estado passional, como pensa Freud em suas idéias sobre a vida amorosa, é narcísica: "O objeto é o pólo da identificação narcísica do sujeito, isto é, uma identificação projetiva: assim ele sustenta, como objeto de projeção narcísica, o Eu ideal do sujeito[11]."

Na relação "fascinante" do apaixonado com seu objeto narcísico, vai-se tratar de manter a excitação (em circuito fechado) tornando-a ao mesmo tempo insaciável. O impossível do encontro entre o eu e seu ideal irá regular um fluxo de excitação sem saída. Com relação a seu objeto, ele experimenta, na violência e na destrutividade, aquilo que Clérambault chama de "um apetite ardente".

A noção do "objeto não-objeto", proposta por P.-C. Racamier, dá conta dessa dimensão de um objeto que mobiliza por si só todos os recursos do afeto e do pensamento: "Seja ele adorado ou detestado, em todos os casos o objeto de paixão está enquadrado. O importante é que ele não saia de seu enquadre! Que não se evada em absoluto! Vamos entender por isso não somente que ele

---

9 S. Freud, "Contributions à la psychologie amoureuse" (1910), in *La Vie sexuelle,* op. cit., p. 51.

10 Citado por G. Rosolato, "Les états passionels", in *Nouvelle revue de psychanalyse,* nº 21, 1980, p. 201. *Cf.* também Gaëtan de Clérambault, "Érotomanie", in *Oeuvres psychiatriques,* edições Frénésie, Paris, 1987, pp. 323-428.

11 G. Rosolato, op. cit., p. 210.

não deve se perder, pois sua perda seria intolerável, mas ainda que não deve, de maneira alguma, divergir e sair do modelo que lhe é atribuído de uma vez por todas, pois essa invasão, não menos intolerável, equivaleria ainda a sua perda[12]." É esta a garantia narcísica do sujeito, a única razão para ele de sentir-se existir. O objeto passional é ao mesmo tempo possuidor e possuído, ele é tão "necessário" quanto aquele da necessidade.

E é a Piera Aulagnier que devemos a elaboração teórica do laço passional fundado no modelo da necessidade: "Defino por este termo de relação passional uma relação na qual um objeto tornou-se para o eu (*je*) de um outro a fonte exclusiva de todo prazer, e foi por este deslocado no registro das necessidades[13]." Ela distingue três séries passionais, segundo a natureza do objeto:

1) a relação do toxicômano com o objeto droga,

2) aquela que liga o jogador ao jogo,

3) aquela do sujeito com o eu (*je*) de um outro, ou seja, a paixão dita "amorosa".

Acrescentaríamos, facilmente, a isso dois subconjuntos solidários: a mística e a anoréxica, cuja natureza se complica por ser composta de duas categorias de objetos:

— por um lado, os objetos de tentação elevados ao estatuto de paixão (fascinante e repulsivo) pela ascese metódica, principalmente o alimento.

— por outro lado, o objeto *real* da paixão, um mais-além do corpo libidinal, um corpo de gozo.

Segundo a análise de Aulagnier, o prazer experimentado nos estados passionais, exclusivamente dependentes de seus objetos, teria sua fonte numa atividade de pensamento. "O Eu (*Je*) se pensa numa posição de contemplação e de gozo passivo (...) O prazer demandado e experimentado tem sua fonte no pensamento: o componente sexual, o vivido do corpo, com exceção do tocante a uma representação ideica do poder de sua própria sensorialidade, é ausente ou secundário[14]." Diremos que, aqui, o corpo libidinal é barrado. Subsiste apenas um corpo mortificado, como lugar e possibilidade infinita de sofrimento. É no estado de falta e de privação que esse corpo se experimenta. Nesse sentido, ele está intensamente presente e põe a morte e a destruição no próprio coração da conduta passional.

---

[12] P.-C. Racamier, "De l'objet non objet", in *Nouvelle revue de psychanalyse*, nº 21, 1980, p. 239.

[13] P. Aulagnier, *Les Destins du plaisir*, Paris, P.U.F., 1984, p. 174.

[14] Ibid., p. 177.

A anorexia é uma paixão

Profana ou mística, como vimos, a conduta anoréxica expõe uma forma de sagrado que legitima seu caráter passional. O halo de gravidade que recobre o campo do sagrado religioso se desloca em esferas mais privadas, sem perder sua potência: "No fundo, tudo se passa como se bastasse, para tornar sagrado algum objeto, alguma causa ou algum Ser, considerá-lo como um fim supremo e consagrar-lhe a vida, isto é, dedicar-lhe seu tempo e suas forças, seus interesses e suas ambições, *sacrificar-lhe, se necessário, sua existência*[15]."

A anoréxica, desdenhando as "preocupações vulgares" do comum, despreza os obstáculos e perigos que detêm a maioria. Sua ascese, suspensa a uma vontade de "superação", espera uma realização desta, cuja fórmula encontramos em G. Bataille: a "aprovação da vida até na morte". A anorexia é paixão; amor de um objeto enigmático.

Objeto tentador, sujeito tentador

A Versuchung

A *Versuchung* é o termo correspondente à "tentação" nos textos de Freud[16]. Em "Obsessões e fobias" (1895), Freud recorre a ele no quadro descritivo, para opôr as obsessões às fobias.

"*Observação III:* Várias mulheres que se queixam da obsessão de atirar-se pela janela, ferir seus filhos com facas, tesouras, etc.

Comentário: obsessões de *tentações típicas*. Eram mulheres que, nada satisfeitas com o casamento, debatiam-se contra os desejos e idéias voluptuosas que as perseguiam à vista de outros homens."

"*Observação V*: Uma jovem se havia quase completamente isolado em conseqüência do temor obsessivo da incontinência urinária. Ela não mais podia sair de seu quarto ou receber uma visita sem antes haver urinado numerosas vezes.

Comentário: era uma obsessão de tentação ou de desconfiança. Ela nã desconfiava de sua bexiga, e sim de sua resistência contra um impulso amoroso. A origem da obsessão mostrava que uma vez, no teatro, sentira, ao ver um

---

[15] R. Caillois, *L'Homme et le sacré*, op. cit., p. 173.

[16] A *Versuchung* não tem, na obra de Freud, um encaminhamento teórico. Ela não está indexada na *Standard Edition*, mas vai nos remeter, nas *Oeuvres Complètes*, a alguns textos que merecem nossa atenção.

homem que lhe agradava, um desejo amoroso acompanhado (como sempre, na polução espontânea das mulheres) da vontade de urinar...[17]."

Assim, na origem da obsessão (aqui, fobia de impulsão) encontra-se um desejo sexual associado a uma idéia e uma situação. O estado mórbido se constitui quando "o estado emotivo de natureza sexual se eterniza", se mantém "em excitação", mas esquece sua ligação com a lembrança. Esta é substituída, na psique, por uma representação substituta que assume a partir de então a "responsabilidade obscura" de ser um mal a evitar, ao mesmo tempo em que permanece, inevitavelmente, presente no pensamento. A tentação é a tradução psíquica da pressão do desejo que é evocada por "tudo e nada", diz Freud; de sorte que a última defesa do sujeito é isolar-se, prevenir-se contra todas as influências exteriores, "entrincheirar-se". O mundo inteiro se torna tentação. Não é isso o que significa a representação religiosa da tentação que apreendemos na interrogação de Santo Agostinho: "Haverá um ponto de equilíbrio onde a vida humana não seja uma tentação[18]?"

Em um texto fundado sobre a analogia entre a problemática obsessiva e a prática religiosa, a *Versuchung* aparece de maneira recorrente: "Ações compulsivas e exercícios religiosos" (1907). Os contornos de um "espaço de tentação" se esboçam com as noções de consciência de culpa, de angústia de espera de uma sanção e de situações tentadoras: "Podemos dizer que aquele que sofre de compulsões e de interdições comporta-se como se estivesse dominado por uma consciência de culpa inconsciente, como somos obrigados a nos exprimir, apesar da dificuldade de esses termos irem juntos. Essa consciência de culpa tem sua origem em certos processos psíquicos precoces, mas é constantemente reavivada quando da *tentação*, renovada a cada ocasião recente[19]."

Freud descreve a tentação como a suspensão psíquica de um sentimento interno de culpa, e destaca mais uma vez o caráter de indeterminação de seu aparecimento. É uma componente da pulsão sexual que, sob o efeito do recalque, é sentida sob a forma de tentação. O sentimento de culpa inseparável da tentação vai "fazer surgir uma *angústia de expectativa* sempre à espreita, uma angústia consistente na espera de um infortúnio, e que está ligada à percepção interna da tentação pelo conceito da sanção[20]". O cerimonial obsessivo tem por fun-

---

[17] S. Freud, "Obsessions et phobies", in *Névrose, psychose et perversion*, trad. franc. sob a direção de J. Laplanche, Paris, 1974, pp. 41 e 42.

[18] Santo Agostinho, *Les Confessions*, Paris, Flammarion, ed. 1964, Cap. 28.

[19] S. Freud, "Actions compulsionelles et exercices religieux" (1907), in *Névrose, psychose et perversion*, trad. franc. de D. Guérineau, op. cit., p. 138.

[20] Ibid., p. 139.

ção e sentido conjurar a iminência do infortúnio. "As ações cerimoniais e obsessivas nascem, portanto, em parte para assegurar a defesa contra a *tentação*, em parte para assegurar a proteção contra o infortúnio que se espera[21]."

A "situação tentadora" desempenha um papel importante. A defesa contra as situações tentadoras (poderíamos dizer, os objetos do mundo, na medida em que o desejo pode encontrar ocasião de ali se cristalizar) vai induzir ações de distanciamento, bem como compromissos, dos quais o cerimonial obsessivo é uma versão conhecida: uma parte do prazer que o sujeito procura conjurar encontra aí um meio de expressão disfarçado. No pensamento, dilacerante para o sujeito, a falta é de certa maneira consumada, ao mesmo tempo que não digerida.

Existe, pois, *Zwang* naquilo que Freud designa sob o termo de *Versuchung*, imposição de fazer e de não fazer; imposição que Freud refere àquilo que, para além do princípio do prazer, "empresta a certos aspectos da vida psíquica um caráter demoníaco[22]".

Esse conjunto de mecanismos próprio da neurose obsessiva — sentimento de tentação, culpa inconsciente, angústia de expectativa, cerimonial e pensamentos contraditórios —, nós o reencontramos de modo analógico no domínio da prática religiosa e também da anorexia mental. Entretanto, vamos nos abster de concluir por uma equivalência estrutural entre a neurose obsessiva e a anorexia mental.

Para concluir essa "pré-história teórica" da noção de tentação, mencionemos a importância clínica que lhe é conferida por Pierre Janet, em seu famoso estudo de Madeleine, essa mulher de quem ele acompanhou durante vinte e dois anos a "vida estranha, as fugas, o delírio religioso, a marcha na ponta dos pés, os estigmas do Cristo que ela apresentou nos pés e nas mãos, e principalmente os sentimentos violentos que experimentava nas crises de angústia e nas crises de êxtase[23]".

Os estados de tentação, como ela mesma os nomeia, são designados por Janet como "estados de obsessão, de interrogação e de dúvida com um sentimento dominante de inquietude[24]". Esse estado foi inicialmente vivido sob o modo de "obsessão do roubo do livro na escola, obsessão da devassidão ao

---

[21] Ibid.

[22] *Cf.* S. Freud, *L'Inquiétante Etrangeté et autres essais*, trad. franc. de B. Féron, Paris, Gallimard, 1985.

[23] P. Janet, *De l'angoisse à l'extase*, t. I, Paris, Alcan, edição de 1975, p. 1.

[24] Ibid., p. 31.

!avar as partes e obsessão da gravidez imaginária (...) seguindo-se mais tarde cs loucos exageros do pudor, a procura de uma virtude inaudita...[25]".

No decorrer dos anos, a tentação acaba por tomá-la, mais do que todas as outras componentes do quadro clínico. Janet observa que o começo de sua aparição (por crise) é "quase sempre marcado por uma modificação bizarra do apetite: a doente que, em todos os outros estados, come excessivamente pouco e tem uma alimentação de tal modo reduzida que me impressionou, põe-se a comer muito mais e reclama insistentemente alimentos para satisfazer suas fomes devoradoras[26]". Isso é, realmente, o movimento pendular entre a privação da anorexia e os acessos de bulimia vividos na vergonha e na culpa.

Janet observa que então a doente fica agitada, sacudida por sentimentos contraditórios: "Eu queria poder agir, remexer-me sem cessar, fatigar-me continuamente para tentar distrair-me de minhas preocupações[27]", preocupações que formam um desfile interminável de obsessões congelando a ação e confundindo o pensamento: "Não posso realizar nenhuma ação por causa dos pensamentos que me agitam indefinidamente[28]." Trata-se, na esfera religiosa, da oscilação entre o amor e a rejeição de Deus, e, no menor de seus movimentos, da impossibilidade de se decidir, deixando-a dilacerada por forças opostas.

Assim, somos remetidos por Janet (mas também por Freud) a uma problemática da tentação como momento psíquico de dilaceramento entre forças contraditórias que empurram e detêm ao mesmo tempo, provocando a indecisão do pensamento e a hesitação em agir. A vergonha, a expectativa ansiosa e a culpa são os afetos desse sofrimento.

No caso de Madeleine, o estado de plenitude, dito "de consolação", faz par com o gozo do conjunto, o ganho do sofrimento. Em seu apogeu, tal estado constitui o êxtase propriamente dito, para além de todo conflito.

O laço do sujeito tentado com seus objetos de tentação

Eis como Marianne contava o que chamava de suas "brigas" na relação com a comida: "Estou ali, diante da vitrine de uma confeitaria, olho para todos aqueles doces que me atraem, eles giram na minha cabeça... isso me deixa louca, e não consigo me mexer... devo ficar ali durante horas, posso lhe assegurar, e saio dali exausta como se tivesse lutado. Às vezes não agüento, entro e com-

[25] Ibid., p. 121.

[26] Ibid., p. 122.

[27] P. Janet, op. cit., p. 122.

[28] Ibid., p. 123.

pro aos montes. Levo tudo para casa, mas nunca como, fico olhando mais e mais para eles até que apodreçam." Luta interior até o esgotamento, captura e sideração unem-se, aqui, ao que a doutrina cristã descreveu como prova da tentação. Essa "figura" de experiência enriquece nossa abordagem clínica[29].

Do ponto de vista teológico, o processo psíquico da tentação é o percurso do desejo: a *suggestio*, a *delectatio*, o *consensus*. No começo, trata-se apenas de um simples pensamento que vem ao espírito; segue-se uma viva imaginação, depois o prazer, um movimento desregrado, que vão dar lugar ao consentimento, percebido como uma queda. Pouco a pouco "o inimigo maldoso" invade a alma inteira. Então o combate contra a tentação é total: contra as forças externas, mas igualmente internas, o demônio, o mundo e eu mesmo (a saber, o tentador, os objetos de tentação e o sujeito tentado). Este último é assediado por todos os lados. Os santos mais perspicazes na análise deles mesmos (São João da Cruz, Santa Teresa d'Ávila) não se enganam quanto à pretensa natureza extrínseca de sua angústia. Eles estabelecem uma relação entre o demônio e os movimentos da vida interior. Ainda assim, se este não é sentido como um ser (o que faria cair no maniqueísmo, heresia contra a doutrina) a quem atribuir uma realidade plena de sujeito, ele tampouco é uma simples duplicação de si, um duplo negativo. Esse misto de ser e não-ser, vamos chamá-lo objeto narcísico. "Coisa transicional", híbrida, produto monstruoso, que a iconografia se exaure para ilustrar, nem homem e nem mulher, nem animal e nem humano, ele é o portador de uma indiferenciação. Fermento de loucura, mas também adversário de um *combate procurado*. A este último não se é inteiramente submetido. O demônio provoca um ser que vai à sua frente e que quer ser experimentado nesse desafio: "Mesmo quando o inimigo nos dá trégua, não se deve temer atacá-lo; se as ocasiões não se apresentam, deve-se ir em frente para encontrá-las. Não se deve ter medo de deixar renascer os movimentos do apetite, a fim de ter a oportunidade de combatê-los, de expulsá-los com um generoso desprezo[30]."

É preciso ver o objeto tentador, sofrer seu fascínio e dominá-lo. A morte de si mesmo, procurada, aparece sob o duplo signo contraditório do apavorante e do delicioso. O sujeito rejeita aquilo que o atrai, mas abandona-se àquilo que teme. Ele é um ser dilacerado. Bataille faz desse dilaceramento o fundo essencial e perturbador da sexualidade, do erotismo, na sua relação com a morte: "Na tentação, existe apenas um objeto de atração de ordem sexual (...) Isto é, o

---

29 *Cf.* É. Bidaud, "La tentation de l'anorexique", in *L'Évolution psychiatrique*, 61, 2, 1996, p. 359-369.

30 Francisco de Sales, *Introduction à la vie dévote*, t. II, Paris, Les Belles-Lettres, 1961, p. 146.

desejo ininteligível, inconsciente, da morte ou pelo menos da danação[31]." O mito bíblico da falta original, transgressão de um mandamento divino, permite definir a tentação e seu objeto como um golpe que incide sobre a "coisa" interdita pelo Pai, o lugar próprio de seu gozo. A tentação primeira escavou no homem um desejo em ato, de tocar, de comer, de ver e de saber, isso pela mediação do "objeto tentador": a árvore do conhecimento do bem e do mal, o "segredo" da diferença. Daí a queda. Pela tentação, o homem abriu-se ao desejo, ao mesmo tempo em que à morte, à consciência de sua finitude, de uma falha fundamental em si mesmo. O modelo do Cristo vem só depois, num segundo tempo, para permitir uma elaboração corretiva, reparadora. O objeto tentador torna-se então aquilo que se deve ter coragem de encarar, mas não de tocar, em absoluto. O cristão deve esperar, combatendo os pensamentos que o assaltam, na oração que é ruminação amorosa dirigida ao Pai, figura onipotente e sem falha. "O só-depois crístico" inscreve a distância de um gozo que é buscado por ocasião de uma experiência original de tentação. Ora, se este gozo está, doravante, marcado pela impossibilidade, ele se mantém para o sujeito como ponto de fascinação.

Numa perspectiva profana, entendemos por objeto tentador um objeto de necessidade vital que faz enigma para um sujeito. A anoréxica se pergunta o que quer dela o alimento. O objeto tentador é inicialmente o objeto oferecido por um tentador: a nutriz, a mãe original. A nomeação de "narcísico" reúne ao mesmo tempo os atributos contraditórios do repulsivo e do atrativo, do interno e do externo, da exaltação e da morte. Ele tem o caráter alienante do objeto especular: imago do mesmo e do rival, do que deve ser possuído e destruído. Ele arrebata o sujeito, no duplo sentido do encantamento e do rapto.

Pouco a pouco, a anoréxica vai invadir o mundo com sua rede de enigmas, isto é, em toda parte onde se apresente o desejo.

A relação sujeito–objeto envolve, para retomar uma fórmula de André Green, "uma descarga maciça, global, recobrindo uma relação de aniquilamento consumidor com o objeto[32]". O sujeito absorvido no *maelström* da tentação é como que consumido, compactado ao infinito. Ele desfalece. Por outro lado, sua ligação com o sujeito tentador é selada por um pacto: o do domínio de um sujeito por outro, em torno de um objeto interdito de atração e de repulsa. Seguimos aqui o modelo analógico que guia nossa abordagem teórica da anorexia mental: a relação de domínio mãe–filha.

---

[31] G. Bataille, *L'Érotisme*, op. cit., p. 261.

[32] A. Green, "Obsessions et psychonévroses obsessionelles", *Encyclopédia médico-chirurgicale*, Psychiatrie III, 37370, Paris, 1965, p. 2.

Lilith ou a primeira Eva: a Mãe "obscura"

Numa zona "interdita" do mito bíblico da tentação original, aparece, sob os traços do tentador, uma estranha figura materna. Enquanto o homem é seduzido pela mulher, esta é tentada pelo diabo. Sobre ela recai o peso maior da falta primordial, pela intromissão do demoníaco. Numa perspectiva mais ampla, destaca-se na tradição judaica — apagada mais tarde pelo cristianismo — a Lilith primitiva, a primeira Eva, a imago feminina original. Nas margens inconscientes do relato oficial, reencontramos uma lenda recalcada, como também ocorre nas criações míticas aparentadas: as Hárpias, a Medusa, Ondina.

A tradição dita da primeira Eva encontra sua origem na coexistência de dois relatos da criação na Gênese. Essa tradição está desenvolvida em uma passagem do livro cabalístico, o Alfabeto de Ben Sirah, datado do Século XI, citado no livro de J. Bril que nos serve de referência no que toca a esta questão[33].

No primeiro relato, o homem e a mulher foram criados simultaneamente, sem prevalência de um sobre o outro, e sem diferenciação sexuada. Formavam um casal andrógino, desejando o criador que houvesse igualdade de direitos e de natureza entre homem e mulher. (A tradição talmúdica afirma, mesmo, que eles foram criados unidos pelas costas, mito que reencontramos no *Banquete* de Platão.)

No segundo relato, a mulher é criada secundariamente ao homem, ela é subordinada e diferente. "Da costela que havia tirado do homem, Jeová fabricou uma mulher e levou-a até o homem. Então, este exclamou: Eis o osso dos meus ossos e a carne da minha carne! Esta será chamada mulher, pois foi tirada do homem, esta aqui[34]!"

O recalcado do mito adâmico, portanto, é a "simetria" e a relativa ausência de diferença entre o homem e a mulher. Assim, a primeira parceira de Adão, de acordo com o primeiro relato, era Lilith. Entre eles surgiu um conflito relativo à maneira como fariam amor, isto é, quanto às posições respectivas de um e de outro. Lilith contestava a seu marido o direito de ficar por cima e reivindicar a supremacia no seio do casal, argumentando com as próprias condições da criação. Adão não cedeu, afirmando que deveria ser ele o único senhor, e a situação só fez se agravar. Despeitada, Lilith abandonou o jogo e, depois de ter invocado o nome do Inefável, recebeu milagrosamente asas e

---

[33] J. Bril, *Lilith ou la Mère obscure*, Paris, Payot, 1981.

[34] Ibid., p. 70.

fugiu para o exterior do Jardim do Éden. Agora só, Adão implorou ao Todo-Poderoso: "Senhor do mundo! A mulher que me destes se foi." O criador enviou então três anjos à procura de Lilith. Esta não quis saber de nada e recusou-se a voltar para o lado de seu marido. Assim, ela foi punida: traria ao mundo uma numerosa prole e cem de seus filhos deveriam morrer a cada dia. Desesperada com a crueldade da sentença, ela pensou em se afogar no Mar Vermelho. Tocados por seu sofrimento, os anjos lhe concederam, em compensação, todo o poder sobre os filhos recém-nascidos, durante oito dias a partir do nascimento para os meninos, e vinte dias para as meninas. Além disso ela gozaria de um poder ilimitado sobre os filhos nascidos fora dos laços do casamento.

Certamente Lilith dirigiu a Eva, que a substituiu junto a Adão, um ciúme odioso e tenaz. Ela perseguiria não somente os filhos por vir, mas a própria Eva. A tradição identifica Lilith com a serpente tentadora.

A questão das posições respectivas do homem e da mulher no ato sexual, a partição ativa ou passiva é, pois, subjacente ao mito. O cônego J. Coppens formula a seguinte hipótese sobre o teor da falta: "A serpente quis seduzir a mãe do gênero humano para que esta se entregasse a uma dessas práticas gravemente pecaminosas, contra a natureza, visando evitar a progenitura, práticas que mais tarde, como se sabe, expandiram-se no culto de Ishtar[35]." Ato de sodomia, recusa da relação sexual "normal" e "todos os tipos de uniões abomináveis" representam as afrontas de Lilith à ordem da Criação. Ao desentendimento entre Adão e Lilith, não reconhecendo a prevalência fálica, sucede um proselitismo perverso sobre a pessoa da segunda Eva, a virgem rival, quanto à cena da falta original. Lilith torna-se, portanto, na tradição, a inspiradora dos desvios sexuais: homossexualidade, masturbação, atos ditos contra a natureza, recusa dos mandamentos e da Criação do Pai. É ainda ela quem, atacando as mulheres no parto, manifesta seu ódio contra a união heterossexual e a perpetuação da carne. Tema que vamos reencontrar na ideologia gnóstica e do qual Guy Rosolato, em seu artigo "Estudo das perversões sexuais a partir do fetichismo", propõe uma leitura sob o ângulo da problemática perversa[36].

Lilith, a primeira Eva, sob os traços do demônio tentador, é uma figura feminina aterrorizante e infanticida, em cólera permanente, devido ao seu estado de proscrita, em guerra contra a prerrogativa fálica e contra a própria

---

[35] Citado por A.-F. Duquesne, "Réflexions sur Satan em marge de la tradition judéo-chrétienne", in *Satan, Études carmélitaines*, Desclée de Brouwer, 1948, p. 151.

[36] G. Rosolato, "Étude des perversions sexuelles à partir du fetichisme", in *Le Désir et la perversion*, Paris, Seuil, coleção Le Champ freudien, 1967.

noção de diferença. O primeiro ato de tentação exercido contra a pessoa da segunda Eva pode, pois, ser considerado como de natureza homossexual, envolvendo "um ser e sua segunda", a mãe e a filha: um assunto de mulheres, sob o signo de uma comilança incestuosa.

Esse mito constitui um espaço de tentação segundo quatro dimensões: feminilidade[37], nutrição, mácula, gozo. "Da devoração dilacerante à terna sucção, é toda a gama de ingestões que se vê declinada através do mito de Lilith[38]." A tradição é rica em descrições e apreensões aterrorizadas dessas comilanças repugnantes: entranhas, carnes, sangue, leite, medula, compõem o cardápio do festim monstruoso. O *ventre*, observa J. Bril, designa o mito, e "a voragem digestiva constitui uma referência constante aos múltiplos avatares ou atributos do personagem[39]". Essa dupla polaridade, sexualidade e oralidade devoradora, tão pregnante em Lilith, mas também em cada uma das grandes figuras míticas que dela se aproximam, é encontrada, como uma abóbada de sustentação, no princípio do mundo das trevas. "É significativo que, em todos os graus, ou em todos os habitantes do mundo das trevas, o desejo tenha por efeito ou por expressão atos de canibalismo e, finalmente, de autofagia (...) No rugido da cloaca infernal, o corpo-a-corpo mal se distingue do acoplamento, e a absorção do vencido pelo vencedor da satisfação da libido. Entre fornicar (e todo ato sexual passa, aqui, por fornicação) e comer (singularmente a carne animal), a imaginação e a ética infernal sempre deixaram entrever estreitas afinidades, seja por considerarem a ingestão do alimento como o aguilhão do desejo, seja por terem visto, numa e noutra destas ações, manifestações de bestialidade abomináveis pelos mesmos motivos, e visando igualmente a satisfação carnal[40]." É, assim, a uma série de atos de canibalismo e de sexualidade "contra a natureza" que refere o mito de Lilith, como aquele da tentação primeira, a origem da espécie humana.

A carga simbólica que converge sobre Lilith faz com que se unam em componentes por vezes complexas os temas da devoração ou deglutição, do vôo (aéreo) e do arrebatamento (enlace), mas também da morte na fusão ou no sufocamento, o que o mito oficial conservou sob o termo de queda — outras tantas figurações das profundezas maternas e da ameaça de um "engolfamento incestuoso". Será preciso esperar pelo Cristo, este novo Adão que, na prova do combate com o demônio, sai vencedor, para que se torne a instalar a ordem do

[37] Sabemos como a Igreja irá se esforçar para diabolizar a mulher.

[38] J. Bril, op. cit., p. 136.

[39] Ibid.

[40] H.-C. Puech, "Le prince des tenèbres en son royaume", in *Satan, Études carmélitaines*, op. cit., p. 129.

Pai. Recusando-se ao comércio incestuoso com a mãe arcaica e olhando em direção ao Pai, ele inscreve o interdito do incesto como lei intangível e necessária "à salvação dos homens", e isso chegando ao extremo da tentação. A idéia fundamental e muito simples do mito bíblico é que só uma coisa importa: submeter-se à vontade do Pai, não usurpar suas prerrogativas.

Voltemos ao nosso modelo do espaço de tentação anoréxica. Dele propomos o seguinte esquema:

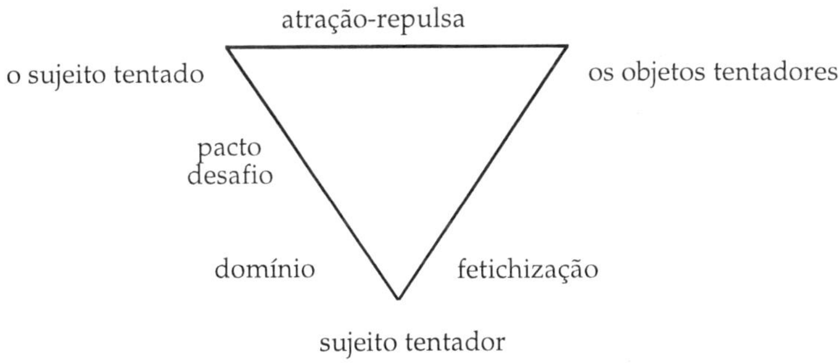

Lilith, como figura arquetípica da mãe obscura, ocupa o lugar do sujeito tentador. Símbolo da transgressão e do incesto, ela oferece seu tesouro de objetos fetichizados em promessa de gozos inigualáveis. O laço que tenta estabelecer com o outro assume a forma de um pacto de domínio e de desafio. A segunda Eva, a filha, a virgem, ocupa o lugar do sujeito tentado que, acedendo ao ato transgressor, devora a si mesmo numa relação de atração-repulsa com os objetos tentadores. Ela se fecha ao outro, transgredindo o intangível da Lei. Pretende, a convite da mãe "rebelde", dispensá-la e descobre nela mesma a abjeção de si. Ela se abre ao espaço do gozo, que faz, por si só, existir o abjeto. Está, então, engajada num corpo-a-corpo mortificante com a Mãe tentadora, numa resistência arriscada contra os objetos da tentação, para se libertar de uma entidade que a consome.

É preciso haver, no mito, a mediação reparadora do Filho para afirmar a lei do Pai como necessidade. Lilith, com suas asas, não cessará, no entanto, tal como um invisível predador, de difundir o terror. O par Lilith–Eva evoca um outro par, aquele de Deméter e sua filha Perséfone, na mitologia grega. Seu culto celebra um mistério, o da feminilidade inacessível aos homens, a não ser que se negligencie aquilo que faz a sua diferença.

Afirmamos a idéia de que a união pactual da anoréxica com o tentador funda-se num deslocamento para a pessoa da mãe do cuidado de fazer valer e aplicar a lei paterna. A mãe é, então, ao mesmo tempo agente do interdito e objeto do interdito; imagem "abjeta", isto é, fascinante, na qual a lei, para ser reencontrada, deve ser transgredida. Este é todo o paradoxo da anoréxica. O comentário de Gilles Deleuze ilustra isso, a propósito do que ele nomeia de contrato masoquista na relação com a mulher "dominadora": "A aplicação da lei paterna é posta nas mãos da mãe. Mas esta transferência é singularmente eficaz: é toda a lei que muda, e agora ordena o que deveria proibir. É a culpa que torna inocente aquilo que ela deveria fazer expiar. É a punição que torna permitido o que ela deveria sancionar. A lei tornou-se inteiramente materna[41]."

Através de um mito "enterrado", subterrâneo (Lilith-mãe noturna), a ênfase é dada a uma ligação específica de mãe e filha contra a efetividade da lei. Para abordá-la, vamos considerar a zona de sombra das relações pré-edipianas, onde predomina o apego à mãe. Freud liga o termo "pré-edipiano", em sua análise da sexualidade feminina, ao momento em que se revela, na sua singularidade, a importância da relação primária entre a menina e sua mãe[42]. O pai, então, ainda não está presente como instância interditora; o triângulo prévio ao Édipo é, aqui, a relação mãe–criança–falo, o falo vindo aqui como significante do desejo da mãe ainda não referido à função paterna.

A nosso ver, a tentação se organiza em torno de uma figura feminina "noturna" na sua relação a uma outra figura feminina capturada, "raptada" nesse par mãe–filha. À margem, no recalcado do mito de Lilith, aparece a figura do pai como "rival importuno", como o designa Freud na problemática pré-edipiana.

Tentar não é seduzir

Se a sedução circula de um sujeito a um outro sujeito, logo, segundo uma dimensão comum da intersubjetividade, a tentação, tal como a pensamos em termos de combate interior, se elabora no próprio espaço subjetivo. Ela é intra-subjetiva e marca o efeito da captura narcísica: Narciso fascinado por seu reflexo na água deixou-se morrer de fome. Na espera infinita de um extra-corpo que desqualifique a relação de equilíbrio com um outro sujeito, a consciência duplicada-tentada, no terror da queda, é sem restabelecimento e sem salvação. Se a histérica luta com a sedução, a anoréxica luta com a tentação.

---

[41] G. Deleuze, "Présentation de Sacher Masoch", in S. *Masoch, La Vénus à la fourrure*, Paris, éditions de Minuit, 1967, p. 102.

[42] Cf. S. Freud, "La féminité" (1932), in *Nouvelles conférences d'introduction à la psychanalyse*, trad. franc. de M. Zeitlin, Paris, Gallimard, 1984.

O sujeito seduzido se angustia. Na sua relação com um outro, ele está à espera e em fuga, dom de si e recusa, abertura e fechamento. Num sentido, ele circula. Cativo do outro, ele se sabe, mesmo assim, ainda capaz de lhe escapar. Ele é livre.

O sujeito tentado, por sua vez, está possuído. O outro está, ao mesmo tempo, em seu interior e em seu exterior. Ele não pode escapar de seu domínio a não ser escapando a si mesmo. Deve combater consigo mesmo. Na sua relação com o objeto, ele está sob o efeito de uma atração que o dissolve.

Será então legítimo, do ponto de vista teórico, supor anteriormente à sedução um tempo mais arcaico, como aquele que o mito cristao situa centralmente sob o termo de tentação?

Freud e a sedução: cena ou teoria

Conhecemos a fórmula de Freud em 1897, ao renunciar à teoria da sedução real, isto é, como o efeito traumático de cenas reais de sedução sexual: "Não acredito mais na minha *neurotica*[43]." Sua importância é inaugural e ela inscreve, na teoria, as noções essenciais de fantasias inconscientes e de realidade psíquica.

Na versão remanejada da sedução, Freud afirma a idéia de uma sexualidade infantil *espontânea* e insiste nas operações de fantasmatização que permitem situar a sedução como o efeito da dissimulação da atividade auto-erótica: "O fato novo é que, realmente, elas (as histéricas) fantasiam tais cenas; portanto, é necessário levar em conta, ao lado da realidade prática, uma realidade psíquica. Logo se vai descobrir que essas fantasias serviam para dissimular a atividade auto-erótica dos primeiros anos da infância, para embelezá-los e levá-los a um nível mais elevado. Então, por trás dessas fantasias, surge, em toda a sua amplitude, a vida sexual da criança[44]."

Entretanto, Freud não abandonará a idéia de uma gênese externa das fantasias de sedução, mas irá re-situá-la no espaço pré-edipiano da ligação com a mãe, e principalmente da relação singular da menina com sua mãe. A sedução é entendida como o efeito de uma "provocação" devida aos cuidados erotizados da mãe:

"A fantasia toca o solo da realidade, pois é realmente a mãe quem, quando dos cuidados corporais prestados à criança, deve ter provocado e talvez

[43] S. Freud, *La Naissance de la psychanalyse*, trad. franc. de Anne Berman, Paris, P.U.F., 1973, p. 275.

[44] S. Freud, "Contributions à l'histoire du mouvement psychanalytique", in *Essais de psychanalyse*, op. cit., 1981, p. 275.

mesmo despertado, em primeiro lugar, as sensações de prazer nos órgãos genitais[45]."

A sedução, assim, procederia sempre de um primeiro tempo fundado na efetividade de uma "provocação" materna, como o tributo a ser pago para aceder à elaboração edipiana da fantasia de sedução. A partir daí, estreita-se o debate sobre as modalidades pelas quais a mãe irá favorecer o acesso ao terceiro paterno, isto é, sobre a questão de seu próprio desejo pelo pai.

Como observa A. Barbier, as "coisas em sua primeira fase se apresentam de maneiras diferentes, conforme a mãe se coloque ou não se coloque como objeto diferenciado do bebê, podendo a atitude da mãe variar de um momento para outro e, principalmente, de um caso para outro[46]". Dizer que a mãe não se situa como objeto diferenciado é reconhecê-la como formando, então, com seu filho uma continuidade fusional, ou seja, não inscrevendo sua própria ausência num alhures que prefiguraria uma destinação *outra* de seu desejo. O estado original de desamparo (*Hilflosigkeit*) do bebê privado de sua mãe é, de certa forma, não assumido por esta. Essa situação induz um enodoamento do "traço mnésico da falta de objeto" ao qual, com Roger Dorey[47], atribuímos um papel essencial.

Essa renegação da existência de um terceiro, na mãe, remete ao não-reconhecimento da percepção de sua própria castração. Ela se considera e se vivencia como fálica, vindo a criança encarnar o falo. "Na medida em que a mãe não se situa como objeto separado pela renegação de seu próprio objeto incestuoso, a criança é então este objeto incestuoso e se identifica com essa imagem de si que vê nos olhos da mãe[48]."

Se, ao contrário, o pai está presente no desejo e nos investimentos da mãe, esta última, não respondendo nem cedo demais nem tarde demais[49] às solicitações de seu filho, desempenha um papel de continente, fornecendo através dos alimentos, dos cuidados e das carícias "uma nutrição libidinal temperada pára-excitante[50]". Aqui, a mãe não renega o sentido de um alhures, de uma fonte externa de excitações, mesmo se, por ora, o pai apenas desempenhe um papel "protetor" na relação privilegiada que ela mantém com seu filho. A

---

[45] S. Freud, "La féminité", in *Nouvelles conférences d'introduction à la psychanalyse*, op. cit., p. 162.

[46] A. Barbier, "Études d'ensemble de fantasmes originaires", in *Les Fantasmes originaires* (coleção), Paris, Privar, 1986, p. 31.

[47] Cf. R. Dorey, *Le Désir de savoir*, Paris, Denoël, coleção L'Espace analytique, 1988, cap. 2.

[48] Ibid., p. 54.

[49] Reencontramos aqui as noções de tempo mensurado e de escansão cujas "faltas" indicamos na anorexia.

[50] J. Cosnier, citado em A. Barbier, "Études d'ensemble des fantasmes originaires", op. cit., p. 28.

mãe integra, assim, tranqüilamente, o pai como aquele que de modo fundamental terá que se manter *entre* eles. Graças a essa presença do pai em "filigrana", pode ter início a elaboração da fantasia de sedução propriamente dita; o pai edipiano é evocado e invocado pela mãe.

A falha na elaboração auto-erótica das fantasias originárias de sedução funda *o domínio da tentação*, numa relação conservada com a mãe, o que Denise Braunschweig e Michel Fain chamam de "uma identificação na comunidade da renegação[51]". Em outras palavras, esse domínio retém a elaboração edipiana da fantasia de sedução, operando contra a triangulação. P. Jeammet destaca esta mesma falha nas anoréxicas, induzindo "uma perda da capacidade de devaneio, uma perda do prazer de existir, que vão ser substituídos, por exemplo, por sensações de vazio[52]".

Se nada vem romper a continuidade passional, em lugar da função paterna estruturante domina a fala atentatória da mãe, por analogia com o mito de Lilith.

Etimologicamente, "tentar" significa "tocar", "tatear". Abafando a falta da criança, a mãe não "larga", não priva; portanto, não abandona seu objeto a um terreno que ela não controlaria.

Em vias de tornar-se o único objeto do desejo da mãe, a criança não acede à representação daquilo de que é privada: o falo paterno. Do desejo, ela recusa a essência fundamental que é a falta. A ela nada falta. É a esta "falta de nada" que está apenso o domínio anoréxico na relação com sua mãe. Essa ausência de representação da falta, proveniente do não-reconhecimento da falta da mãe, torna impossíveis as condições de elaboração de uma fantasia subjetivada no inconsciente, já que o objeto da fantasia vem precisamente representar aquilo de que o sujeito imagina ser privada a mãe.

Na sua recusa do alimento, a anoréxica está retida na ilusão de que nenhum outro é suscetível de recusá-lo a ela. Isso é o que a impede de situar o outro na sua liberdade de sujeito desejante. Para sustentar-se, a anoréxica ignora o outro como ser de desejo. Quando dizemos que a anoréxica é "intocada" pelo desejo do pai e "tentada" pela mãe, afirmamos assim que ela está "fora-da-sedução". Ela se isola do desejo dos homens e inscreve em seu corpo a marca de sua estranheza. Ela apagou de seu corpo todo sinal exterior de feminili-

---

[51] D. Braunschweig, M. Fai, *La Nuit, le jour. Essai psychanalytique sur le fonctionnement mental*, Paris, P.U.F., 1975.

[52] P. Jeammet, "Les destins de l'autoérotisme à l'adolescence", in *Devenir "adulte"*, Paris, P.U.F., 1990, p. 74.

dade, e disfarçou os aspectos salientes de seu sexo, ou então deles oferece, em seu descarnamento, uma versão grotesca e ridícula. Está desencantada, dessexualizada. Como se dissesse aos homens: "Vocês não vão me seduzir. Desafio-os a me seduzirem." Renegação da sedução. Se a histérica, na sua paródia enganadora do convite sexual, com sua dança aliciadora, debate-se com a sedução e a utiliza como uma armadilha para submeter os homens, a anoréxica recusa-se a isso. Ela não se engaja nesse duelo, e sim num outro, onde o homem não tem um papel guerreiro.

A sedução originária

Nossa perspectiva sobre a tentação pode ser re-situada no espaço mais amplo da teoria da sedução repensada por J. Laplanche em *Nouveaux fondements pour la psychanalyse*[53].

Por sedução originária Laplanche designa a situação fundamental e estrutural onde o adulto propõe à criança significantes não-verbais, até mesmo comportamentais, impregnados de significações enigmáticas. A situação primitiva do aleitamento é uma primeira experiência de sedução: quando da satisfação da necessidade, ela é o encontro de um sujeito imaturo com um outro sujeito, mais precisamente, com os desejos de um outro sujeito. Como sugeriu Ferenczi, esse confronto da criança com o mundo adulto tem lugar naquilo que ele chamou "a confusão das línguas[54]". A linguagem da "paixão, como a linguagem do adulto", é traumatizante: ela faz data. Ela pode ser dita "sedutora" na medida em que veicula sentido ignorado pela criança e transmitido pelo inconsciente parental. E o é também na medida em que, da criança ao adulto, ela produz uma "corrente de atração", "uma coisa que se imiscui"no sujeito.

Assim, Laplanche vê na sedução originária situações, comunicações que em nada se originam do atentado sexual. Ele situa no centro da sedução originária a noção de enigma e de questionamento. "Podemos supor", diz ele, "que o investimento sexual inconsciente pela mãe na situação de aleitamento não seja suspeitado pelo lactente como fonte deste obscuro questionamento: o que quer de mim este seio, além de me amamentar, e afinal de contas, por que é que ele quer me amamentar[55]?" Por que há desejo, e não o nada? Na abordagem da "desejância"da mãe, com quem a criança irá se confundir, se identificar, para

---

[53] J. Laplanche, *Nouveaux fondements pour la psychanalyse*, Paris, P.U.F., 1987.

[54] S. Ferenczi, *Psychanalyse*, t. IV, trad. franc. pela equipe do Coq-Héron, Paris, Payot, 1982, pp. 125 a 136.

[55] J. Laplanche, *Nouveaux fondements pour la psychanalyse*, op. cit., p. 125.

se constituir, coloca-se o enigma, uma certa forma de *Unheimlich*, de inquietante estranheza. O que Laplanche dá a entender é que a mãe é, originalmente, uma necessidade perturbadora, uma fonte mista de gozo e de estranheza. Acrescentamos que ela é tentadora.

A partir daí, Laplanche construiu uma hierarquia de seduções: sedução pedófila, sedução precoce pela mãe que desperta, por seus cuidados, a erogeneidade do corpo de seu filho, enfim, sedução originária, fundamento e essência das duas outras. Há, aí, como que um processo dialético. É no primeiro nível da sedução originária que, segundo ele, se deve repensar a teoria de apoio da pulsão na necessidade, como princípio de emergência da sexualidade. "Temos, na origem, como que uma espécie de cebola da qual se destaca uma película superficial, uma flor da qual se destacasse uma pétala. Pois bem, a cebola não se descasca por si só, é a sedução que vem destacar, sobre a autoconservação, uma certa lâmina que se pode dizer sexual[56]."

Lembremos que a teoria freudiana do apoio surgiu no vazio deixado em 1897 pelo abandono da teoria da sedução real. Assim, a emergência da sexualidade é pensada a partir de uma fonte externa, e não sob o efeito de um movimento espontâneo ou de um empuxo endógeno.

O interesse da noção da sedução generalizada é que ela nos propõe um modelo em diversos níveis, uma inteligência mais fina da emergência do sujeito como ser sexuado na sua relação com a mãe, por um lado, e com o pai, por outro; atribuímos igualmente um papel significativo à passagem de um para o outro.

---

[56] J. Laplanche, op. cit., p. 142.

Capítulo II

Um certo destino da ligação com a mãe

Deméter e Perséfone ou a paixão mãe–filha

Deméter é a grande deusa materna da terra, a divindade da fertilidade e a deusa dos mistérios de Elêusis. Ela figura entre os doze grandes deuses olímpicos e entre os seis filhos de Cronos e de Rea. Ela teve de Zeus, seu irmão, Perséfone, com quem está unida no mito e no culto grego. Seu nome significa "Terra-Mãe".

Tentada ou arrebatada

O mito relativo a Deméter concerne à perda de sua filha Perséfone, à qual estava apaixonadamente ligada. Quando a moça era ainda muito jovem, seu pai Zeus, sem consultar Deméter — que teria recusado — , acedera ao desejo de Hades, deus dos mortos, de fazer de Perséfone sua mulher. Para conseguir isso, Zeus fez brotar um belo narciso num vale sombreado e florido onde Perséfone passeava. Separando-se de suas companheiras, Perséfone avistou o narciso e o colheu. Nesse instante, a terra se abriu e Hades apareceu em seu carro puxado por ginetes azul-marinho. Ele se apoderou da jovem e voltou para o reino das sombras. Perséfone lançou um grito para chamar pela mãe, que não a ouviu; e quando chegou ao reino de Hades, continuou a suspirar, recusando qualquer alimento. (Tanto quanto sabemos, esta é a única vez em que o tema do jejum aparece na mitologia grega.)

Quando Deméter soube do desaparecimento da filha, partiu imediatamente à sua procura. Munida de tochas acesas, errou pelo mundo durante nove dias e nove noites, sem comer nem beber. Acabou, então, por encontrar Hélios, o deus-sol que tudo vê, e pediu a este que lhe contasse o que vira. Ele fez um relato detalhado do que se havia passado, mas acrescentou que Hades era um excelente partido para a jovem, e que possuía um belo e vasto reino. Deméter ficou tão desesperada com a notícia do rapto de Perséfone que assolou a terra com a seca e a fome. Desceu do Olimpo e vagou através do mundo até que Zeus, inquieto ao ver a terra tornar-se pouco a pouco estéril, compreendeu que se nada viesse apaziguar sua cólera a raça dos homens não tardaria a desaparecer, e os deuses não mais receberiam suas oferendas. Enviou Iris até ela, para suplicar-lhe que voltasse a integrar a assembléia dos deuses do Olimpo. Mas esta recusou-se a isso enquanto Perséfone não lhe fosse devolvida. Zeus consentiu, sob uma única condição: Perséfone deveria não ter comido nada durante sua permanência no inferno, pois quem quer que comesse ou bebesse enquanto estivesse no reino de Hades ficava prisioneiro deste último para sempre. Zeus mandou Hermes buscar a jovem, e Hades aceitou separar-se dela. Mas, antes de sua partida, ofereceu-lhe uma romã. Ao voltar para o lado de sua mãe, esta perguntou-lhe se havia comido alguma coisa em casa de Hades. Perséfone, a princípio, negou haver comido o que quer que fosse, mas teve de reconhecer, em seguida, haver comido algumas sementes de romã. Assim, Zeus decidiu que ela deveria passar a metade de cada ano no reino de Hades, com seu marido. Enquanto as sementes estivessem enterradas no chão, brotando e amadurecendo (logo, do outono até as colheitas), Perséfone viveria junto à mãe. Mas uma vez que os grãos fossem colhidos e armazenados, iria reunir-se ao marido, e o solo ficaria árido e estéril.

Deméter é o modelo da mãe inconsolável que se desespera e pune o mundo pela perda da filha, "arrebatada" por um homem que não enterra seu desejo. A captura e a violação de Perséfone arriscam ser pagas pela destruição que ela prometeu espalhar pelo mundo. Esta mãe não entende ceder seu rebento ao desejo de um homem, nem obedecer a uma lei que não seja a sua. Ela submete o Olimpo à chantagem. O equilíbrio do sistema dos deuses e dos mortais só será preservado graças a um lapso de Perséfone: a devoração do fruto do deus sedutor. A união é então rompida, e Deméter tem que se render à evidência: sua filha está perdida.

Diante da mãe, Perséfone é o modelo da jovem intacta, da virgem. Possui, em sua ambigüidade, a singularidade do sagrado: ela tenta, perigosamente. Não é ela chamada por Homero, ao mesmo tempo: "a augusta Perséfone, a assustadora Perséfone, a santa" (Canto XV, v.491)? É sabido, aliás, o perigo que representava primitivamente a virgem[1]. "A virgem: é a mulher intacta para o sujeito que, como o falo, convoca a desejar, mas por causa de toda a sua plenitude imaginária surge como a coisa no puro real, fascinante e terrificante[2]." Ela é aquilo que, não tendo sido dado, dispensa o homem e permanece numa ligação original intacta com a mãe. Ela porta a marca do incesto. É a atração que Freud atribui ao infantil e à mãe. Pelo ato de comer, Perséfone rompe um laço trágico. Ela institui um afastamento definitivo de sua mãe. Ela pertence, a partir daí, tanto à vida quanto à morte. Rende-se à existência e se despossui do gozo exclusivo de sua mãe.

Hades é o deus dos mortos, mas não a própria morte, que os gregos chamavam de Tânatos. Ele não representa o nada. Possui um aspecto positivo: tinha a reputação de favorecer as colheitas e distribuir a abundância. É um deus fecundante. É também alcunhado o rico "possuidor de um belo e vasto reino". Em suma, representa um excelente partido. Nesta versão do mito, ele aparece como "o deflorador" que não se deixa ludibriar, o sedutor original. Perséfone arranca a flor que ele mandou colocar, e é nesse instante que ele a arrebata: "Passou a mão nela", como se diria vulgarmente. Ele é o homem que não cede diante da intransigência de Deméter. Esperto, raptou sua filha e a mantém. Ele encarna a figura da sedução, tal como esta aparece na teoria freudiana: uma primeira cena "de atentado sexual" cometido por um adulto, "que o sujeito sofre assustado": o rapto de Perséfone por Hades, que lhe mostra um narciso; e um segundo acontecimento, que não comporta em si mesmo uma "significação sexual", mas evoca a lembrança do primeiro, pois o ato de comer a romã significa o reconhecimento do ato de sedução.

O fato de ter sido sujeito/objeto do desejo do pai, ativo e passivo, leva Perséfone a desprender-se do domínio da mãe e aceder ao amor edipiano. O jejum está no centro do porvir de sua relação com a mãe. Durante o tempo em que este é respeitado, Perséfone não pertence realmente a Hades. (A fome que Deméter espalha em torno dela lhe faz eco.) De sua ruptura procede uma distância definitiva entre a mãe e a filha. Tendo rompido o jejum a que estava obrigada para não faltar à sua mãe, Perséfone só pôde voltar pelo meio. Teve que deixar para Hades uma metade de sua existência. Ela se deu.

Comer, significando aqui o acesso ao desejo do homem, é ato de feminilidade da virgem Perséfone. Ela não é *tentada*, isto é, fechada na sua relação com a mãe, e sim *seduzida, arrebatada* do "nada gozoso" da ligação primeira. No mito, a defloração de Perséfone, este rompimento instaura o enredamento

[1] Ela se tornará, com o cristianismo, um ideal assexuado, uma figura materna tranqüilizadora, mas permanecerá um mistério.

[2] A. Juranville, *Lacan et la psilosophie*, Paris, P.U.F., 1984, p. 323.

da vida e da morte, a alternância das estações, tempos e ritmos da existência. É da própria boca de sua mãe, Rea, que Deméter ouve a palavra de apaziguamento que a exorta a respeitar a medida. Sua qualidade de mulher se define, ao menos por sua aptidão a ter filhos *com os homens*: "Paz, agora. Dê aos homens a vida que só lhes vem de você."

Observações clínicas sobre o par mãe-filha na anorexia mental

A dimensão passional da relação anoréxica com a mãe é assim descrita por B. Brusset: "A mãe é ao mesmo tempo indispensável e inaceitável, o que se poderia exprimir assim: ela representa tudo o que me causa horror e, ao mesmo tempo, não posso dispensá-la, cabe a ela responder, compreender, espero tudo dela, que ela seja Deus para mim[3]."

São uma "cena familiar" (de acentos demeterianos) difícil de compreender, esses tipos de enfrentamentos e de enlaces que unem mãe e filha numa trama de existência: não se perder, antes destruir ou destruir-se. As pacientes anoréxicas evocam este sentimento de despossessão do espaço afetivo: "Era como se eu só sentisse a felicidade, o entusiasmo, a tristeza através dela", ou de despossessão do espaço de pensamento: "Tenho a impressão de que ela sabe sempre o que estou pensando, que é impossível que eu possa ter uma idéia realmente minha", mas também do corpo próprio: "Sinto minha mãe mexer-se em mim... é ela que sinto, não é o meu corpo."

O sentimento "estranhamente familiar" de que a intimidade sofreu um arrombamento remete à sedução exercida pela presença materna. Assim, os cuidados corporais maternos prolongaram-se com freqüência muito antes, na história das jovens anoréxicas, às vezes até a adolescência. "Não há fechadura na porta do banheiro", diz-nos uma paciente. "Mamãe já tinha proibido quando éramos crianças, temendo que nos trancássemos nele. Ela queria sempre saber o que estava acontecendo ali. Hoje, quando estou fazendo minha toalete, ela nunca me deixa só. Ficaria muito infeliz se eu lhe dissesse para sair. Ela fica me olhando, ou me ajuda, por exemplo, a esfregar as costas. Também pode tomar banho comigo." A intrusão sedutora, como um "olho indecente", vem da ausência de limites ao olhar da mãe, que fixa a filha como objeto incestuoso. A mesma paciente nos relatou uma frase de Colette a propósito de sua mãe: "Minha santa mãe é insuportável... ela tem uma crise de "quero ver minha filha"." O amor materno, em "odor de santidade", é crise de "olhar".

---

[3] B. Brusset, "L'anorexie et ses imagos", in *L'Anorexique, le toxicomane et leur famille* (coleção), Paris, E.S.F., 1989, p. 69.

O domínio mãe–filha e a evolução do pai

Uma arqueologia da ligação com a mãe

Para representar a sexualidade feminina, Freud voltou a uma imagem tomada de empréstimo ao seu terreno favorito, a arqueologia: "A entrada no período pré-edipiano da menina nos surpreende como, num outro domínio, a descoberta da civilização minomicênica por trás daquela dos gregos[4]."

Descobrindo a assimetria entre o Édipo da menina e o do menino, Freud volta a interrogar a feminilidade, reservando um destino particular ao "estrato" pré-edipiano, à relação mãe–filha. Tudo é incompreensível, diz ele em 1932, se não se levar em conta aquilo que precede a entrada no Édipo: a intensidade e a duração do amor pela mãe. "Encontramos na pré-história edipiana das meninas a fantasia de sedução, mas o sedutor, regularmente, é a mãe", única provedora de gozo. "Há exclusividade da ligação com a mãe, com negligência completa do objeto-pai[5]."

Esse apego pré-edipiano à mãe constitui aquilo que chamamos de experiência de tentação, em oposição à fantasia de sedução que concerne ao pai; entende-se que o acesso à situação edipiana representa, como insiste Freud, uma posição de redobramento sempre provisória. A passagem à feminilidade está ligada a uma renúncia, ao abandono da crença no falo da mãe, na mãe onipotente, e ao recalque da atividade fálica. Tendo dirigido seu amor a uma mãe fálica, com a descoberta de que a mãe é castrada, torna-se possível para a menina abandoná-la como objeto de amor. A ligação entre o ódio à mãe e a inveja do pênis aparece mais claramente: "A menina — que até então vivera de maneira masculina, sabia proporcionar prazer a si própria pela excitação de seu clitóris, e relacionava essa atividade com seus desejos sexuais, freqüentemente ativos, dirigidos à mãe — deixa deteriorar-se o gozo de sua sexualidade fálica por influência da inveja do pênis[6]." Do reconhecimento da castração da mãe ao interesse que o pai representa agora, elabora-se uma dupla renúncia: ao gozo fálico e à fantasia de possuir o órgão.

Freud mostrou como é delicada a desnodulação deste primeiro laço passional com a mãe (fortemente misturado de ódio e amor) para que se constitua o pai como objeto sexual. É, sem dúvida, a partir do lugar que ela ocupa

---

[4] S. Freud, "Sur la sexualité féminine" (1931), in *La Vie sexuelle*, op. cit., p. 140.

[5] Ibid., p. 149.

[6] S. Freud, "La feminité" (1932), in *Nouvelles conférences d'introduction à la psychanalyse*, op. cit., p. 169.

no desejo do pai que a menina irá aceder à feminilidade. Agarrada à mãe por um laço arcaico e oral, é a fantasia de ser "violada" pelo pai que lhe permite separar-se de seu primeiro objeto. Lembremo-nos do mito de Perséfone e Deméter.

Alguns autores[7] afirmam que a feminilidade procede da maneira pela qual é deixado "esse resto", designado pela noção de "feminilidade precoce". Essas orientações teóricas retomam a idéia, formulada inicialmente por Ernest Jones, de que, de saída, a menina privilegia o interior do corpo e a vagina. Daí as experiências arcaicas de feminilidade deixarem um traço indelével.

Eis o que diz Michèle Montrelay: "Em última instância, a sexualidade precoce gira em torno de um só orifício, órgão ao mesmo tempo digestivo e vaginal, que tende indefinidamente a absorver, apoderar-se, devorar. Se este órgão-furo insaciável está no centro da sexualidade precoce, se preside a todo movimento psíquico, segundo temas circulares e fechados, ele compromete a relação da mulher com a castração e a lei: absorver, tomar, compreender é reduzir o mundo às leis pulsionais mais arcaicas. Movimento oposto àquele que a castração supõe: onde o gozo do corpo se perde por um discurso que é Outro[8]." Esta era a questão de uma sexualidade precoce, não fálica, que Freud recusava em seu debate com Jones. Sem discutir aqui a questão da existência de sensações vaginais precoces, "de uma presciência" do conhecimento da vagina anterior ao primado do falo, vamos guardar a "carga" de afeto representada pelas experiências primárias exclusivas com a mãe. Esta carga constitui, no texto freudiano, o ponto de enigma da feminilidade. "Tudo o que toca o domínio dessa primeira ligação com a mãe pareceu-me tão difícil de compreender analiticamente, tão esmaecido pelos anos, vago, quase incapaz de retornar, como que submetido a um recalque particularmente inexorável[9]."

O Édipo feminino seria, portanto, uma operação de descentramento com referência às representações "singulares" envolvidas na primeira ligação com a mãe. "O salto decisivo se opera quando os representantes concêntricos são substituídos por outros representantes fálicos, masculinos. A lei e os ideais do pai constituem os novos representantes suscetíveis de substituir os modelos de representação arcaicos[10]."

O que se perde, e que resistiria à investigação analítica, é esse laço demeteriano com a mãe oral. O Édipo feminino se constitui pelo esquecimento

---

[7] Stoller, Michèle Montrelay, Eugénie Lemoine-Luccioni.

[8] M. Montrelay, *L'Ombre et le Nom. Sur la feminité*, Paris, éditions de Minuit, 1977, p. 68.

[9] S. Freud, "Sur la sexualité féminine" (1931), in *La Vie sexuelle*, op. cit., p. 140.

[10] M. Montrelay, op. cit., pp. 73 e 74.

da "feminilidade precoce". Inversamente, o que fracassa na elaboração psíquica desse esquecimento mantém o erotismo fora da representação da castração. Esse esquecimento constitui a castração simbólica da mulher.

O laço demeteriano

Distinguimos, em nossa abordagem da feminilidade, uma relação precoce mãe–filha, fundada num espaço de tentação de dualidade e de domínio, e uma relação edipiana pai filha, definida pelo espaço de sedução. A passagem de uma à outra constitui um salto estrutural, que é uma modalidade de acesso à castração simbólica. O que chamamos *o laço demeteriano* designa o aspecto "internalizado" , "em circuito fechado", da relação mãe-filha.

A fantasmática da sedução repousa sobre "um acontecimento" que vem do exterior. O sedutor faz um arrombamento, apreende seu objeto. É "um violador". Em contrapartida, a relação da mãe com sua filha é "de insinuação". Ela é íntima do corpo de sua filha. Freud destaca, por exemplo, que as mulheres que têm uma forte fixação na mãe evocam, todas, seus acessos de raiva em seguida aos banhos dados por suas mães. Ele vê nesses acessos equivalentes orgásticos. A sedução pelos cuidados de higiene é vivida raivosamente, como circulando no interior do corpo. Este interior de gozo é como o próprio objeto do segredo que uma mulher oferece em pasto ao desejo de saber dos homens.

Segundo uma formulação de Daniel Sibony: "A não-separação entre a criança e sua mãe alimenta, como se sabe, intermináveis litanias; esta é uma maneira de sublinhar que o perigo para a criança é o de ficar aprisionado na fantasia da mãe (...) uma fantasia poderosamente sedutora, aquela em que a criança não completa a mãe, ou a preenche, mas constitui aquilo pelo qual a mãe seduz a si mesma, e encontra ela própria o termo de sua primeira sedução[11]." Sob as fórmulas "fantasia poderosamente sedutora", "termo de sua primeira sedução", observamos o espaço "atentatório" criado pela mãe.

Se a mulher recusa a castração pelas duas, por ela e sua filha, ela corre pelas duas o risco da loucura, corre o risco de ser dupla. É pela identificação paterna que a filha escapa ao sono narcísico... se o pai a desejar.

Na problemática da passagem, a menina conhece um destino de uma intensidade de vibração diferente daquela do menino, aferrada como está ao desejo da mãe no lugar que esta atribui ao pai para a significação de sua falta.

[11] D. Sibony, *L'Amour inconscient. Au-delà du principe de séduction*, Paris, Grasser, 1983, p. 128.

O laço "de aspiração", assim criado, desenvolve um "espaço inconsciente" de sedução, de violação iniciática que fará com que a menina passe do dualismo demeteriano ao triângulo edipiano.

Se é verdade que o menino está instalado sob as mesmas insígnias que a menina na sua relação inicial com uma mãe fálica, chega um dia em que ele se apercebe de que possui um órgão do qual a mãe é desprovida. Esta etapa, que lhe permite aceder à "horripilante" realidade da castração, vai desviá-lo de seu primeiro objeto de amor, não sem um sentimento intenso de triunfo. Não parece que se tenha dado suficiente atenção, ao lado do horror inspirado pela castração feminina, a essa satisfação narcísica sentida pelo menino. Jeanine Chasseguet-Smirgel sublinha sua importância: "Se não existisse uma profunda satisfação ligada ao horror, a fantasia da mãe castrada provavelmente não teria a pregnância que tem[12]", e que permite um desligamento vital da relação de domínio com a mãe.

Em contrapartida, a menina deve reconhecer, para a mãe e para si mesma, a realidade da castração, "deve beber até o fim o amargor da sua perda", segundo a fórmula de Jeanne Lampl. de Groot[13]. O afastamento da mãe se produz, nos indica Freud, sob o signo da hostilidade. O apego termina em ódio. O laço de domínio é, em certa medida, reforçado negativamente pela força do ressentimento. Se, além disso, a inveja subseqüente do pênis permite à menina separar-se da mãe, voltando-se para o pai, é sob a condição de que este tenha lugar no desejo da mãe. O falo, que representa, na origem, o poder da mãe, é transferido para o pai. Isto significa que a questão do desnodulamento do laço filha–mãe não é superponível àquela que concerne ao filho e à mãe. É essa problemática da passagem, do tempo de mudança de objeto, que nos parece estar no núcleo do drama da anoréxica.

O domínio

Não foi por acaso que escolhemos o termo domínio*. Nós o retivemos, dentre as significações analisadas por Roger Dorey da noção freudiana de

---

[12] J. Chasseguet-Smirgel, "La culpabilité féminine", in *La Sexualité féminine* (coleção), Paris, Payot, 1991, p. 154.

[13] J. Lampl. de Groot, *Histoire du développement du complexe d'Oedipe,* citado em M. C. Hamon, *Feminité, mascarade,* Paris, Seuil, 1994.

* *Emprise,* no original, cuja definição no *Petit Robert* dá as acepções de apreensão e posse de uma região ou propriedade; de competência (no sentido de foro de competência), em termos judiciários; e de dominação intelectual ou moral de uma pessoa sobre outra, tendo como sinônimos ascendência, autoridade, influência. A versão brasileira levou em conta, além disso, a acepção da palavra *domínio* como campo ou terreno onde algo se passa. (NT)

Bemächtigung, para especificar a relação da mãe com sua filha anoréxica. As três dimensões essenciais dessa relação são:

— a apropriação por despossessão do outro,

— a dominação,

— a impressão de uma marca.

O que se desenrola aqui é "uma tendência muito fundamental à neutralização do desejo de outrem, isto é, à redução de toda alteridade, de toda diferença, à abolição de toda especificidade; o objetivo é o de remeter o outro à função e ao estatuto de objeto inteiramente assimilável[14]".

O domínio mãe–filha porta a marca da especularidade e da reversibilidade. O sentido da apropriação e da dominação se inverte. Há um redobramento em espelho do domínio. O par mãe–filha se cola, formando "uma união tissular", "uma cilada narcísica".

Se a relação de domínio da mãe sobre a filha é apreendida na sua incapacidade de suportar distância e separação, a filha realmente o devolve a ela. Ambas ficam na imobilidade e na necessidade do *mesmo*, e na angústia de uma alteração desse conjunto perfeito. É como se elas dissessem uma à outra, no silêncio de um diálogo amoroso: "Eu sei o que você pensa, e o que você pensa é o que eu penso." O domínio reversível liga-se a esse movimento circular de despossessão–possessão de uma pela outra.

Sofrimento e culpa são fundamentais nessa dualidade. Eles ligam, criam a dependência: "Sofro por você e meu sofrimento não pode deixar de ser o seu (...) Assim como a falta que portamos ambas por esse sofrimento...". Devemos lembrar que Freud liga o domínio à crueldade infantil, depois ao sadomasoquismo, antes de ver nele, em 1920, um efeito da pulsão de morte.

O sofrimento, e principalmente "seu espetáculo", assume, com Ferenczi, o valor de fator traumático, do mesmo modo que as seduções sexuais, na relação de um adulto com uma criança. Ele designa "um terrorismo do sofrimento". Recordando esta idéia, Françoise Couchard observa que ela "traz um esclarecimento suplementar à complexidade e a confusão de afetos que nascem entre mãe e filha (...) Parece-nos que uma das mais fortes manifestações de domínio materno se apóia na imagem da dor suportada por numerosas mães...[15]".

A anoréxica, dissemos, permanece fechada à sedução do pai, na medida em que se trata de uma fantasia organizadora. Freud sublinha o que há de anunciador na sedução: "Encontrei nela aqui, pela primeira vez, o complexo

---

[14] R. Dorey, "La relation d'emprise", in *Nouvelle revue de psychanalyse*, nº 24, 1981, p. 118.

[15] F. Couchard, *Emprise et violence maternelle*, Paris, Dunod, 1991, p. 125.

de Édipo[16]." Capturada pela mãe na sua própria recusa de se reconhecer faltosa, a menina fica retida numa espécie de gozo cruel. "Ficando engastada no tropismo amoroso do gozo materno, a menina seria condenada a um amor sem desejo", escreve Paul-Laurent Assoun[17]. A anoréxica ama sem desejo e sem alteridade. Se, no Édipo feminino, o pai é uma solução de "desvio", nos diz Freud, é na medida em que ele permite um desprendimento da atração materna. É a questão de sua efetividade na formação da fantasia feminina que se coloca aqui. A "efetividade" do pai designa o pai detentor do pênis desejado pela mãe, e devendo oferecê-lo à filha na cena da sedução. O pai "esperado" não é somente aquele que diz que ama sua filha. Afinal, isso não se diz. Ele é aquele que "dá de si" para instalar-se entre a filha e a mãe e mostra que não está ali à-toa entre elas duas.

"Não há nada para se fazer lá fora"

O pai da anoréxica é freqüentemente descrito como ausente ou inexistente na sua função paterna. Ele não pode encarar de frente a filha e sua anorexia. Desqualificado pela mãe na sua função de pai e de marido, cala-se, submete-se e faz-se esquecer. Esta é uma das características que Claude Olivenstein descreve a propósito dos pais de toxicômanos: "O não-dito da tradição oral familiar apresenta-o como impotente: seja por sua idade real, seja pelo espaço ocupado na atividade sistêmica familiar, seja por ser considerado como incapaz de fazer gozar a mãe[18]." Ele é convocado a permanecer assim para que perdure o laço demeteriano entre a mãe e a filha. Insistimos na singularidade edipiana da ligação mãe–filha, na continuação da dependência acarretada por ela, subordinada à trajetória do desejo do pai que "resolve", mais ou menos, nessa constelação. Wladimir Granoff e François Perrier o formulam assim: "A maneira como a mãe tem o desejo do homem, a maneira como a filha se sente concernida por este, em favor mesmo do interdito que paira com maior ou menor ambigüidade sobre a relação pai–filha, a maneira como o pai assume ou não seu desejo e o veto edipiano, eis os dados diversamente variáveis que colocam o destino edipiano da filha sob o signo do multiforme e do prolongado, para deixá-la infinitamente mais dependente do que o menino do modo de organização libidinal que rege a relação parental[19]."

---

[16] S. Freud, *Présentation de Freud par lui-même*, trad. franc., Paris, Gallimard, p. 52.

[17] P.-L. Assoun, *Freud et la femme*, Paris, P.B. Payot, 1995, prefácio, p. IX.

[18] C. Olivenstein, "L'enfance du toxicomane", in *La Vie du toxicomane*, Paris, P.U.F., 1982, p. 86.

[19] W. Granoff, F. Perrier, *Le Désir et le féminin*, Paris, Aubier, edição revista em 1991, p. 62.

Em apoio ao que afirmamos, eis algumas ilustrações clínicas da troca de palavras entre pai e filha: o estilo das falas paternas, relatadas pelas adolescentes anoréxicas, surpreendeu-nos muitas vezes por sua obsequiosidade amorosa, sua tonalidade idólatra. Jeanny descreve nestes termos "como ele sempre me fala": "Ele sempre me chama de minha pequena rainha ou minha princesa, mesmo quando me comporto mal. Ele me diz: tudo o que você faz me agrada e tudo o que você fizer estará bom. Ele me põe num pedestal... Ali, estou completamente só."

Esse discurso amoroso de um pai, dirigido a sua filha, excessivo, não aproxima, mas afasta. A emoção de que esse discurso se quereria impregnado quase não se transmite, ele diz alguma coisa, mas não fala a alguém. Essa fala não é em absoluto incestuosa, mas "ex-cestuosa", se nos permitem este jogo de palavras, forma esvaziada de substância, eco. Esse "tudo o que você faz está bem" encerra a filha na "cidade proibida" de seu desejo, ali onde não é possível existir segundo seus desejos, já que não há ninguém para contentar ou descontentar. A filha vê-se como que desencarnada pelo discurso do pai, discurso de ex-voto dirigido a um ser querido que, por isso, vive como já morto. Logo, ela pode dizer-se "vazia" de seu pai. H. Bruch insistiu no deserto interior de suas pacientes: "É verdade, nunca soube o que papai realmente pensava. Era impossível adivinhar o que ele pensava olhando para seu rosto. Mesmo a sua maneira de falar nada revelava. Ele jamais mostrava seus sentimentos. Quando eu me exprimia, tinha a impressão de estar em pleno deserto[20]." O olhar do pai é percebido como ausência, ausência de desejo. Se a mãe "em crise", como dissemos, olha demais para a filha, o pai tem falta de olhar.

Da mãe à filha, do corpo ao pensamento, a insuficiência de limite interno não permite, *a contrario*, a inscrição de duas intimidades distintas. No discurso da mãe, o impedimento, o limite, são situados alhures, para além do "recinto familiar", lá onde se encontram, não somente os outros, mas os homens, com sua sexualidade incompreensível ou inaceitável. O homem é portador de um pênis "morto", inapto para contentar a mulher. A função fálica do pai é desvalorizada. Em última instância, ele não é nada. Numa forma elíptica, poderíamos dizer que, se para a mãe da histérica, os homens são porcos, a da anoréxica declara que eles não servem para nada. Por um lado, a sexualidade fálica deve ser temida — é por isso que ela é existente —, por outro lado, ela é inútil e, por conseguinte, poderia não existir: "Quando pedi para sair à noite", contava-nos uma paciente, "minha mãe dizia o tempo todo: mas não há nada

[20] H. Bruch, *L'Énigme de l'anorexie*, op. cit., p. 179.

para se fazer lá fora! Agora, acho que é verdade. Uma vez, fui a uma festa. Via as outras meninas que dançavam com os rapazes. Tudo aquilo me pareceu inútil e além disso, ao mesmo tempo, impossível." A inutilidade ou a impossibilidade do outro masculino está no coração da feminilidade anoréxica. Jacques André, num ensaio recente, indicava que "a feminilidade, falando propriamente, supõe que estejam postas em relação a intrusão sedutora, traumática e fundadora da vida sexual com a penetração do pênis paterno[21]". A falência da sedução fundadora paterna torna, justamente, impossível na anoréxica uma representação do ato sexual na puberdade como desejável. Ele não inspira um sentimento de repugnância histérica, o que marcaria sua ligação com uma fantasia edipiana, e sim uma impressão de estranheza. "Quem sou eu ali, ou o que posso fazer ali, naquele ato de que se fala?", poderia dizer ela. J. André prossegue: "O trauma da puberdade e sua promessa de penetração são, para a futura anoréxica ou bulímica, de uma violência particular[22]." Esta violência, vamos entendê-la como o efeito de um enigma insolúvel incidindo sobre a sexualidade.

O segredo

Os clínicos muitas vezes observaram o segredo que os sujeitos anoréxicos tentam guardar sobre sua sensação de fome, como também, aliás, sobre seu discurso interior. Silêncio e segredo participam, ao que parece, de uma satisfação cujo desaparecimento temem a todo instante, caso o outro venha a saber, a ponto de um começo de confidência poder ser considerado como uma indicação favorável do processo terapêutico. Jeanny chegou a exprimir-se assim: "Eu não domino, como vocês entendem, o que faço. É como se alguma coisa me acontecesse... e o que me acontece, não quero perdê-lo. Não comendo, adquiro uma imagem de dureza, sinto-me invulnerável... e falar disso é correr o risco de que isso desapareça." Não é indiferente que Jeanny tenha querido tão subitamente interromper as sessões para tirar umas férias, alegando sentir-se melhor. Sem dúvida, era-lhe necessário "realimentar" seu segredo.

A aliança de domínio precisa da reserva e do segredo. Ela se esquiva ao saber, na medida em que este saber é objeto do desejo do homem.

As raízes etimológicas e os registros semânticos do significante "segredo" são ricas em ensinamentos. Segredo e excremento têm um parentesco por sua raiz comum, que veicula a idéia de triagem, separação e dejeto. O segredo

---

[21] Jacques André, *Aux origines féminines de la sexualité*, Paris, P.U.F., 1995, p. 145.

[22] Ibid., p. 153.

é um "saber tratado sob o modo anal (...). Sua característica é ser descartado dos circuitos de troca e de comunicação[23]". Ele tem ainda uma função de poder: não é transmitido, mas confiado, tal como um objeto mágico, um talismã num rito de passagem. Se é fonte de angústia e de vergonha, produz também um prazer intenso, o da posse de um poder: "O segredo retoma por sua conta as funções ambivalentes do objeto anal, tanto as funções do falo anal e do mau objeto quanto aquela, narcísica, de uma metáfora humilhante ou gloriosa por si mesma. O segredo é um saber dissimulado e recusado a outrem. Através de suas funções, ele aparece como um saber vivido no modo anal, como um saber que tem valor de objeto anal na relação com o outro[24]."

Daí decorre a dificuldade para a anoréxica de abrir mão de seu segredo. Essa despossessão é vivida como uma perda de si, um duro golpe na aliança de domínio. O par mãe–filha participa do laço conventual e da sociedade secreta. Este espaço-não-espaço mantido pelo seu conluio institui o que chamaremos de uma falta de elaboração do vazio. Ele se constitui a partir de experiências fundamentais de ruptura e de falta: a separação do nascimento (negativo da presença materna), o desmame (negativo da imediatez), o afastamento da mãe, a castração. Segundo Pierre Fédida, "o vazio é (...) conotativo da cessação de toda excitação conforme o modelo de uma verdadeira privação auto-erótica[25]". Uma forma de morte psíquica. Então o vazio é um fundo interno que não pega, impedindo que se inscreva um espaço psíquico, um cenário para a encenação da história subjetiva. Assim, o sujeito não se preenche, no sentido de um enriquecimento, de um "mobiliário" interior. A interioridade é aquilo que se arranja pelo espaço vazio deixado pela perda do objeto primordial. Se a mãe se dedica a tamponar o vazio, a escondê-lo, mantendo seu filho como objeto exclusivo de seu desejo, este não poderá elaborar o vazio. É o que observa Joyce McDougall: "O investimento contínuo da criança pela mãe impede a instalação do auto-erotismo primário com a introjeção fantasmática da mãe-seio, prelúdio essencial ao nascimento da vida fantasmática e à criação de um mundo objetal interno. A carência dessa interioridade tem por conseqüência nociva, até mesmo mortífera, a exclusão da atividade libidinal da cadeia simbólica[26]." A relação com a mãe torna-se uma relação com uma mãe-"tranqüilizante", uma mãe-droga. O equilíbrio psicológico se mantém pelo vício.

---

[23] Arnaud Levy, "Évaluation étymologique et sémantique du mot secret", in *Nouvelle revue de psychanalyse*, nº 14, 1976, p. 120.

[24] A. Levy, op. cit., p. 122.

[25] P. Fédida, "Une parole qui ne remplit rien", in *Nouvelle revue de psychanalyse* nº 11, 1975, p. 97.

[26] J. McDougall, "Le psyché-soma", in *Nouvelle revue de psychanalyse* nº 16, 1971, p. 139.

Winnicott observa que, diante do caráter assustador do vazio, o sujeito organiza um vazio controlado, por exemplo, não comendo ou não aprendendo: "O vazio está na base do aprender, tanto quanto do comer. Mas se a experiência do vazio não foi vivenciada, ela se torna então um estado que é temido e compulsivamente buscado[27]."

Se é verdade que as anoréxicas "aprendem bem", isto se dá de maneira compulsiva, pouco criativa e por dever. Elas não podem aprender com prazer. Elas "compactam" o vazio. Chegam mesmo a hipostasiá-lo. Invertem-no, para fazer dele uma figura paradoxal de plenitude. Elas o fetichizam.

A homossexualidade mãe–filha e o problema da perversão na mulher

Homossexualidade primária e homossexualidade secundária

Para compreender a importância que atribuímos ao apego entre mãe e filha (não somente para nossos fins, mas de modo mais geral no desenvolvimento da sexualidade feminina), precisamos re-situá-lo no quadro de uma ligação de natureza homossexual. Na literatura analítica, a referência à noção de homossexualidade feminina relativa aos primeiros laços com a mãe é tímida: "Tudo leva a crer que existe um escotoma sobre aquilo que, na relação mãe-filha, equivale ao encontro de mulher para mulher[28]."

Se a homossexualidade feminina é a atração libidinal de uma mulher por uma outra mulher, sem dúvida, para esclarecê-la, é necessário distinguir uma homossexualidade primária de uma homossexualidade secundária, a fim de especificar o que se passa na relação com a mãe. A noção de homossexualidade primária, desenvolvida principalmente por Otto Fenichel, designa a relação primeira da criança com a mãe. "Ela é a elaboração psíquica do conjunto de trocas eróticas entre a mãe e a criança, vividas e elaboradas no tempo psíquico que vai da identificação primária ao momento em que o reconhecimento da diferença entre os sexos acarreta um remanejamento radical[29]."

Parece que a impressão desse erotismo originário é inscrita mais profundamente na menina. O salto estrutural constituído pela mudança de objeto por

---

[27] D. W. Winnicott, "La crainte de l'effondrement", in *Nouvelle revue de psychanalyse*, nº 11, 1975, p. 43.

[28] J. Godfrind, "De mère en fille: à la recherche du plaisir", in *Revue française de psychanalyse*, t. LIV, 1990, p. 84.

[29] P. Denis, "Homosexualité agie et homosexualité psychique", in *Les Cahiers du centre de psychanalyse*, nº 8, 1984, p. 76.

ocasião do Édipo situa a menina numa relação diferente daquela do menino quanto à liquidação desse laço primeiro, que só é definitivamente homossexual para ela (mesmo que se deva igualmente considerar uma ligação da mesma natureza do menino com a mãe fálica).

A homossexualidade feminina (atuada ou não atuada), na medida em que não se origina de uma mudança no tocante ao primeiro objeto, se elabora em continuidade com essa relação com o primeiro objeto. Deve-se, assim, definir a homossexualidade secundária, ou homossexualidade genital, como esse momento que, depois do reconhecimento da diferença entre os sexos, manifesta o fascínio pela aproximação da mãe, em continuidade com uma vivência homossexual original.

Essa continuidade explica que a "aproximação" genital da mãe-mulher exige os alicerces arcaicos do laço homossexual primário: "No desabrochar da identidade feminina, incluindo o prazer de funcionamento e o gozo do corpo sexuado, a homossexualidade intervém em grande parte. O desdobramento de sua componente genital, geradora de identificações estruturantes com a mãe/mulher, é entravado por sua ancoragem na homossexualidade primária; ele requer a análise da ligação e do desligamento da mãe primitiva[30]."

A relação mãe–filha no sistema anoréxico se desenvolve segundo as coordenadas passionais que lembram certas uniões homossexuais, com papéis intercambiáveis, a mãe desempenhando o da filha e, inversamente, de maneira alternada ou simultânea. As notas afirmativas ressoam na tonalidade oral: avidez agressiva, inveja, ciúmes, intolerância, fúria, angústia de abandono. Além disso, nota Gérard Pommier: "A tenacidade inextricável desse laço entre uma filha e sua mãe liga-se a esse nó que permite renegar a castração a baixo custo, sem fetiche, *sem transgressão ruidosa, sem todo o aparato exigido pela perversão masculina*. Este garrote filial, mais tarde deslocado entre uma mulher e outra mulher, tece um modo particular de relação que pode evocar a homossexualidade, embora não reclame nada de físico. Ele iguala o pênis ao falo. O significante paterno parece não ser aqui de nenhuma ajuda, já que nenhum desejo lhe atribui esse símbolo da falta que é o falo. Portanto, ele não será motivo de amor, mas de rivalidade, se não de ódio[31]."

O laço demeteriano e a homossexualidade nos conduzem a interrogar o papel da perversão na feminilidade.

---

[30] J. Godfrind, "De mère en fille: à la recherche du plaisir", op. cit., p. 97.

[31] G. Pommier, *L'Exception féminine*, Paris, Point Hors Ligne, 1985, p. 31. Em versão brasileira, *A exceção feminina*, Rio de Janeiro, Jorge Zahar Editor, 1987.

O problema da perversão na mulher

A relação da mulher com a perversão não deixa de levantar problemas, tanto no nível de seu aparecimento quanto no de sua própria possibilidade. Wladimir Granoff e François Perrier isolam com fineza suas zonas de demarcação:

"Vamos nos inclinar a admitir que, fora da homossexualidade, via particular onde se engaja a sexualidade feminina, mais do que ela aí se perverte (se tomarmos como modelo estrutural de perversão sexual a perversão especificamente masculina do fetichismo), não existem na mulher, propriamente falando, perversões sexuais. Diremos também que a relação perversa que, na mulher, certamente existe, não é captada de uma maneira significativa na própria relação sexual[32]." Os autores precisam, mais adiante: "O que, na mulher, pode se perverter, é a sua libido. O que nos leva a evocar uma certa forma de perversão do narcisismo, por um lado, e da maternagem, por outro lado[33]."

O mecanismo de fetichização se elabora num desvio particular do narcisismo. Se a mulher não é fetichista, ela pode ser fetichizada. Torna-se para si mesma, seu próprio fetiche. Em continuidade com o laço materno (uma perversão da maternagem), constrói-se a problemática perversa de uma consumação incestuosa. A mulher não é assinalada aqui, de uma maneira espetacular e ritualizada, no registro da perversão, mas no silêncio "segredado" da aliança de domínio.

O alimento como objeto "atentatório" vindo da mãe, "o abjeto" de um consumo incestuoso, induz, como contenção a um desmoronamento do eu, uma fetichização do corpo próprio. O eu triunfa e exulta, ergue-se na soberba do falo materno. A fetichização do corpo próprio marca a renegação da falta, da separação primária entre sujeito e objeto e do corte como forma primordial da castração. A menina renega a falta da mãe, fazendo-se ela mesma fetiche em lugar dessa falta. Nessa operação de super-idealização da mãe, o pai é expulso do universo da anoréxica como objeto de desejo. À denegação magnificatória da mãe: "Não! Nada falta à mãe", corresponde uma outra: "O pai não é nada". Encontra-se essa "perpétua exclusão do pai na oração mística[34]". Na sua abordagem da paixão mística ou amorosa, Jacques Hassoun identifica aí um relato pondo em jogo o personagem inteiramente materno, que retorna em termos de desejo de morte. O apaixonado não é confrontado diretamente com um todo-

[32] W. Granoff, F. Perrier, *Le Désir et le féminin*, op. cit., p. 90.

[33] Ibid., p. 91.

[34] J.-N. Vuarnet, *Le Dieu des femmes*, Paris, L'Herne, 1989, p. 147.

desejo da mãe, como na psicose, mas com o significante "amor da mãe/ódio do amor da mãe". Aqui, esclarecem-se as modalidades particulares da transgressão apaixonada: "...aquela que é comandada por um impulso imperioso e mortífero a interrogar, pelo viés de uma cena originária reduzida a um "entre-duas-mães", *o amor da mãe*[35]." Na paixão, o pai se significa no discurso como "despojado de seus emblemas, como testemunha da falência de uma linhagem[36]".

O pai também deverá testemunhar de seu fracasso, pelo qual o amor da mãe, num sistema de domínio, torna-se *a causa* que o apaixonado terá que sustentar.

Fetichização e renegação da morte

As relações paradoxais entre a ascese e a perversão foram freqüentemente questionadas. Lembremos, por exemplo, o trabalho de Guy Rosolato sobre as correspondências entre a gnose e a perversão[37]. A própria gnose revela, nas suas peripécias, a passagem da ascese estrita ao deboche desenfreado. Essa ambigüidade se reencontra na vida dos santos, com esse mesmo movimento que vai da extrema elevação ao profundo rebaixamento. Ora, com essas crises furiosas de bulimia que vêm fazer bascular seu esforço, a anoréxica não dá essa impressão de orgia, "de consumo incrível de porcarias", de "deboche alimentar", para retomar as expressões de H. Bruch?

Se a anoréxica não está diretamente confrontada com a renegação da diferença dos sexos, ela vive a renegação da morte para si, e a da realidade do corpo próprio. A relação da angústia de castração com a angústia de morte foi claramente estabelecida por Freud: "Pode-se dizer que a experiência quotidiana da separação do conteúdo intestinal e a perda do seio materno experimentada por ocasião do desmame permitem dar alguma idéia da castração, mas jamais uma experiência semelhante à morte foi vivenciada, ou então ela não deixou, como no caso do desfalecimento, qualquer traço assinalável. É por isso que insisto firmemente na idéia de que a angústia de morte deve ser concebida como análoga à angústia de castração[38]."

---

[35] J. Hassoun, *Les Passions intraitables*, Paris, Aubier, 1989, p. 93.

[36] Ibid., p. 94.

[37] G. Rosolato, "Étude des perversions sexuelles à partir du fétichisme", in *Le Désir et la perversion*, op. cit.

[38] S. Freud, *Inhibition, symptôme et angoisse*, trad. franc. de Michel Tort, Paris, P.U.F., 1965, p. 53.

O artigo de Michel Schneider, "La mort depravée" ["A morte depravada"], a respeito da ascese e do masoquismo perverso, abre uma via que recorta a nossa: "As macerações do santo renegam a putrefação do cadáver; os grilhões que assujeitam o corpo do masoquista atestam que esse corpo não pode se mexer, deslizar para fora da presença. A mortificação faz recuar o império da morte (...) Uma vida já morta não poderia sofrer (...) Assim, a mortificação, uso defensivo da morte contra a morte, protege contra a angústia de morte. A perversão masoquista faz a economia de um luto e previne contra a perda do objeto (...) Tentativa de onipotência sobre o corpo, o desejo, a linguagem, ela é renegação e desafio (...) E o que é renegado na mortificação é realmente a morte, mas na medida em que esta é o emblema da sua castração, da sua falta de pênis (...) O corpo desabitado é então o fetiche renegador dessa ausência[39]."

Estas reflexões parecem-nos convir perfeitamente à anorexia mental. E o que nos chama a atenção é essa relação fetichista com o corpo próprio. Se uma das resultantes da renegação da diferença dos sexos é o fetiche erógeno, esse órgão material que possui simultaneamente as qualidades "do vivo e do não-vivo", e que posso controlar a meu modo, o corpo próprio pode ocupar seu lugar. Ele é esse objeto não-objeto de que fala P.-C. Racamier, na seqüência dos trabalhos de Jean e Évelyne Kestemberg e Simone Decobert. "Este objeto não-objeto não deve ser confundido com o objeto transicional, o qual seria, antes, sua versão normal, evolutiva e criadora. Por sua própria natureza o objeto não-objeto é paradoxal, no sentido em que reúne, de maneira indissociável, propriedades fundamentalmente inconciliáveis: ele é, não sendo, ele é outro, sendo ele mesmo, interior sendo exterior, vivo sendo desanimado, real enquanto irreal[40]."

O autor prossegue, aproximando esse tipo de relação da relação de objeto passional: "O melhor objeto passional é, em definitivo, um objeto morto; morto, ele se torna perfeitamente imutável e manejável: um cadáver, um fetiche[41]." Não é este o corpo da anoréxica, rechaçado como uma máquina de perder (sangue, suor, excrementos), que se trata de reduzir, de maltratar por um nada apaziguador, por um mais-além — um corpo fantasmático sem diferença, um "corpo tubo", esvaziado, como o corpo glorioso do Cristo?

Renegado na sua realidade, é a este preço, no entanto, que o corpo é fonte constante de gozo. Ele "guarda, deslocado para o corpo ideal projetado,

39 M. Schneider, "La mort depravée", in *Nouvelle revue de psychanalyse*, nº 33, 1986, pp. 99 e 100.
40 P.-C. Racamier, "De l'objet non-objet", in *Nouvelle revue de psychanalyse*, nº 21, 1980, p. 236.
41 Ibid., p. 240.

um valor de fetiche[42]". Remetemos, aqui, ao que chamamos de "o corpo extático" da anoréxica. O sujeito conquista uma espécie de imortalidade. É-lhe inconcebível ter que morrer, pois que já está morto para si mesmo.

A dimensão narcísica da anorexia

As relações do objeto fetichista com o narcisismo são centrais. Na elaboração do corpo fetiche, o objeto como tal é abandonado. Ele é conservado somente como objeto de reprovação, de ataque e de dor, logo, como pólo narcísico de uma relação do eu. O lugar do eu de onde partiu o investimento do objeto materno primário é, eletivamente, o corpo; este será desumanizado, deserogeneizado, para que não apareça, no impulso da necessidade e do desejo, a marca da falta.

Na construção do objeto fetichista, o investimento narcísico tem uma função de salvaguarda do eu e de sua "ereção triunfante". Esse corpo "parcializado", por ser manejável e transformável à vontade, representa a continuidade do eu para seu gozo.

Se, com efeito, o salto estrutural da mãe fálica para a fantasia do pai sedutor, único detentor da "coisinha", não ocorreu, a impossibilidade de se desprender da mãe provoca um "empacotamento" narcísico: a filha e a mãe "se contraem", em indivisão.

Quando a construção do eu na sua relação com o pólo paterno não está a seu alcance, o sujeito se vê numa situação de procura ativa, não de uma unidade, mas do nada, isto é, de uma redução das tensões ao nível zero, "que é a aproximação triunfante da morte psíquica[43]".

Acompanhando André Green em *Narcissisme de vie, narcissisme de mort*, podemos postular, ao lado de um narcisismo de vida que visa a realização da unidade do eu, um narcisismo de morte que tende, ao contrário, à sua abolição na aspiração ao zero. A anorexia parece-nos ser uma forma deste narcisismo de morte, um mais-além do princípio do prazer, a visada de uma afânise do sujeito, de uma desaparição. Então, não é o desprazer que se busca, mas o neutro, pela valorização da privação, no seio de um ascetismo inconsciente. Trata-se, na renúncia, de ser puro, e portanto de ser só, para atingir uma ilusão de autosuficiência, um "Nada me falta", apagando assim todo traço do outro e de seu desejo.

---

[42] J. e E. Kestembert e S. Decobert, *La Faim et le corps*, op. cit., p. 153.

[43] A. Green, *Narcissisme de vie, narcissisme de mort*, Paris, éditions de Minuit, 1973, p. 25.

Aqui se exprime a pulsão de morte numa grande pureza. Ela visa o aniquilamento do sujeito e seu renascimento, como fantasia última. Morte e imortalidade se reúnem. "Não ser mais nada é somente uma maneira de abolir a possibilidade de não mais ser, de perder, um dia, o que quer que seja, nem que seja o sopro da vida[44]."

O eu nunca é mais imortal do que quando afirma não ter mais órgãos, nem corpo. Assim, a anoréxica, que recusa a dependência de uma ordem de necessidades e que se deixa morrer, triunfa.

[44] Ibid., p. 278.

TERCEIRA PARTE

O gozo da anoréxica

Capítulo I

O gozo se opõe ao prazer

A elaboração do conceito de gozo em Lacan

Na primeira parte, usamos muitas vezes o termo "gozo" na acepção que o discurso religioso e místico propõe, com certa imprecisão, entendê-lo pelo lado da *apatheia*, do arrebatamento extático ou da transgressão sagrada, ou ainda como uma vida nas fronteiras de si mesma. Ao menos, trata-se sempre, no "gozar religioso", de uma experiência de limites, limites do corpo, do saber e da lei. O fio de nossas reflexões sobre a mácula e a tentação nos conduz a formular a hipótese de um "gozar anoréxico".

Se o uso comum faz do gozo um sinônimo de prazer, a psicanálise os *opõe*, considerando o gozo, seja como um excesso, um mais-além do prazer, seja como uma manifestação do corpo próxima da dor e do sofrimento.

Partir de Freud

Na obra de Freud, a noção de gozo jamais foi elevada ao nível de conceito. Terá mesmo fundamento ver, na distinção de termos que aparecem algumas vezes em seus escritos (*Lust, Genuss*), o traço consolidado de um pensamento sobre essa posição? É, incontestavelmente, a Lacan que devemos o avanço na reflexão sobre essa questão. No Seminário *A ética da psicanálise* (1959-1960), ele nos engaja, a partir da leitura de "O mal-estar na civilização", a estabelecer esse debate.

Interrogando-se, em "O mal-estar na civilização", sobre a que aspiram os homens, Freud responde com uma palavra: a felicidade. Mas esta, acrescenta ele, comporta duas finalidades que se opõem. "Esta aspiração tem duas faces: por um lado, evitar a dor e, por outro, buscar grandes gozos (...) A tarefa de evitar o sofrimento relega a segundo plano aquela de obter o gozo[1]." Ele refere, sem se inclinar mais por um ou por outro, dois objetivos diferentes: evitar a dor (*Unlust*); buscar grandes gozos (*Starkeres Lustgefühl*, literalmente, "mais forte sentimento de prazer"). Esta visada identifica um princípio de prazer mitigado, na medida em que é princípio de constância, e uma tendência à redução absoluta das tensões como princípio de gozo (princípio de Nirvana). Lacan observa, a propósito desse texto, que se opera uma ligação de cumplicidade entre o princípio de prazer e o princípio de realidade para desembocar num princípio de não-prazer. Mas, nos limites, podem se produzir forçamentos, dos quais procede o gozo: *Genuss*. E Lacan observa que é justamente o princípio de prazer, como princípio de não-desprazer, que constitui obstáculo à obtenção do gozo e nos mantém afastados deste. "Quem é que, em nome do prazer, não amolece, desde os primeiros passos um pouco sérios em direção a seu gozo[2]?"

Freud já havia sublinhado, em "Mais além do princípio do prazer", este dado de experiência: "Impressões freqüentemente dolorosas são, muitas vezes, fontes de fortes *gozos*, e não respondem às condições requeridas pelo princípio de prazer[3]." O princípio de prazer verifica-se, assim, ser um princípio regulador em proveito da pulsão de vida, enquanto o princípio de Nirvana resulta da pulsão de morte e engaja, por sua vez, uma relação particular com o gozo.

O gozo transgressor está no centro daquilo que detém anoréxicas e místicas na exploração de seus sofrimentos. Neste caso, o aparelho psíquico não obedece ao princípio soberano do desprazer–prazer, mas a dois princípios: por um lado, o clássico princípio de prazer, regulador e homeostático e, por outro, um princípio transgressor que não supõe a abolição da lei, mas constitui um "forçamento" do limite.

O sujeito psíquico assim produzido, indica Nestor Braunstein, é como o efeito de uma articulação entre "o Outro do sistema significante, da linguagem

---

1 S. Freud, *Malaise dans la civilisation*, trad. franc. de Ch. Odier, Paris, P.U.F., 1951, p. 21 e *Le Malaise dans la culture*, in *Oeuvres complètes*, t. XVIII, Paris, P.U.F., 1994, pp. 243-333.

2 J. Lacan, *Le Séminaire, livre VII, L'Éthique de la psychanalyse*, Paris, Seuil, 1986, p. 207.

3 Cf. S. Freud, "Au-delà du principe de plaisir" (1920), in *Essais de psychanalyse*, trad. franc., Paris, P.B.Payot, 1981.

e da lei, por um lado, e o Outro que é o corpo gozoso, incapaz de encontrar um lugar nas trocas simbólicas, surgindo nas entrelinhas do texto como pressuposto (...). O gozo fica assim confinado por essa intervenção da fala a um corpo entregue ao silêncio, o corpo das pulsões, da procura compulsiva de um novo encontro sempre faltoso com o objeto[4]".

O gozo será sempre aquele de um corpo, corpo dilacerado por um fluxo contínuo e desordenado de excitação.

Assim, podemos ver na teoria traumática do primeiro Freud "o questionamento" desse excesso de excitação e de investimento, de um gozo que ultrapassa o sistema amortecedor das representações ou dos significantes. O gozo, da ordem do inefável, escapa à apreensão apaziguadora do sentido. É um excesso, um furo no simbólico, segundo a expressão de Lacan. "Este furo marca o lugar do real insuportável. É assim que o gozo se torna o exterior, o Outro no interior de si mesmo[5]", escreve ainda Braunstein.

O gozo é interditado ao sujeito falante, a lei se erige sobre esta interdição. É aquela que Freud afirma, sob o nome de complexo de castração, e que faz com que a lei do prazer entre na ordem simbólica: a lei do desejo.

O gozo, como gozo da mãe, está excluído, barrado. O sujeito deve renunciar ao gozo em troca da promessa ou da efetividade de um outro gozo dito fálico, isto é, "o prazer" acessível aos sujeitos da lei. "O corpo erogeneizado é um efeito produzido na carne pela fala que a habita; é o corpo constituído pelas trocas e respostas recíprocas às demandas[6]."

O sujeito do desejo está submetido à temperança do princípio do prazer: o corpo se encarna, torna-se carta do desejo para múltiplos destinatários, para retomar os termos inspirados por uma formulação de Serge Leclaire. Esse corpo, a medicina tende a desconhecê-lo ou a reduzi-lo ao silêncio da "boa saúde", de sorte que gozar de uma boa saúde é como renunciar à experiência de gozo. Lacan define assim o gozo: "O que chamo de gozo, no sentido em que o corpo o experimenta, é sempre da ordem da tensão, do forçamento do dispêndio, até mesmo da exploração. Sem dúvida alguma, há gozo no nível em que começa a aparecer a dor, e sabemos que é somente nesse nível da dor que se pode experimentar toda uma dimensão da origem que, de outra maneira, permanece velada[7]."

---

4 N. Braunstein, *La Jouissance, un concept lacanien*, Paris, Point Hors Ligne, 1992, p.20.

5 Ibid.

6 N. Braunstein, op. cit., p. 25.

7 J. Lacan, *Psychanalyse et médecine*, citado em N. Braunstein, op. cit., pp. 15-16.

O princípio de prazer, como barreira contra o gozo, impõe limites à tensão que nasce no interior do organismo. Em contrapartida, o gozo não está do lado da vida, considerada como uma medida menor. Ele não serve para preservar. Ele é, segundo uma fórmula de Lacan, aquilo que *não serve para nada*.

Talvez, se seguirmos uma indicação de N. Braunstein, se deva ver no *Vorlust*, o prazer preliminar, que Freud opõe à resolução orgásmica do ato sexual, um certo modelo do gozo. Freud o define nos *Três ensaios...* por seus efeitos: se ele contribui para o prazer, aumenta, ao mesmo tempo, a tensão, tem uma virtude excitante. Ele afirma que o *Vorlust* é desprovido de objetivo e que, de certa forma, independe do prazer final. Este parece ligado a certas condições que só se apresentam na puberdade. É por isso que convém distinguir excitação sexual e satisfação sexual. A satisfação sexual como descarga resolutiva vem como uma brusca queda da tensão: "É o prazer da satisfação sexual que interrompe o aumento da tensão — seu modelo é a emissão seminal no orgasmo masculino — e que provoca, com a descarga, a decepção[8]."

Vamos lembrar aqui que um dos aspectos essenciais do movimento interior da anoréxica é a experiência mantida da tensão entre a necessidade e a recusa de apaziguá-la.

A Coisa

Logo, existe oposição entre o gozo e a lei, o gozo como origem perdida e a lei como lei da linguagem, que obriga as aspirações ao gozo a se converterem em cadeias de discurso articulado, isto é, em liame social.

O corpo, originalmente fonte ilimitada de gozo, torna-se lugar simbólico de trocas, ou seja, passa, para obter seus ganhos de prazer, pelo trabalho da fantasia e da fala. Ele é representado e por conseguinte perdido, sempre à procura de um objeto de "confirmação" de seu ser. É por isso que se passa do "gozo do ser" ao "gozo fálico", prazer mitigado, feito de afastamentos e de decepções. Do gozo primeiro só testemunham os objetos fantasmáticos que produzem o desejo, que o causam, diz Lacan; mas estes dão apenas uma indicação do gozo perdido, o outro do desejo só se oferecendo como uma decepção em relação a ele.

Se o "gozo do ser" se define como perdido, ele quer, no entanto, "retornar", ele insiste. Tal é o fundamento da compulsão à repetição; aquilo que se perdeu não é o que se esqueceu, mas retorna como uma manifestação

[8] N. Braunstein, op. cit., p. 31.

do recalque originário, sob os modos conhecidos da abjeção, da repugnância, dos pólos de atração e repulsa da mãe original. Este objeto absoluto, não interditado mas inapreensível, é designado por Lacan como a Coisa[9]. O que Lacan evoca, aqui, é o termo impossível de se atingir — mas que sustenta o sujeito em sua existência — da busca e do desejo. O desejo, na medida em que permanecerá sempre apoiado no outro e na castração, isto é, no "furo" instituído pela falta, vai gravitar como um satélite em torno da Coisa, mas só demarcará o vazio, produzindo-o, mesmo, através de suas múltiplas revoluções.

Logo, o que se demarca é o vazio em torno da Coisa, o Bem do corpo da Mãe. Vamos observar que o Bem do despojamento último dos místicos é esperado como uma possessão divina, uma realização. A relação do homem com a Coisa é o gozo, o qual só é encontrado — a título de uma pequena morte — na seqüência fálica do ato sexual. O gozo "do ser", estado de Nirvana, de abolição das tensões, é marcado pela distância ao real como impossível. O que se experimenta, então, é da ordem do susto, da vertigem, na melhor das hipóteses, da expectativa.

Só é possível a invocação do Outro. A intervenção do outro opõe-se ao gozo do ser, à "inacessibilidade do objeto como objeto do gozo". "Para compensar esta inacessibilidade, é para além dessa barreira que se vê projetada toda sublimação dos sistemas do conhecimento, toda sublimação individual...[10]."

Do gozo do ser, restam somente representações aproximadas, metafóricas ou metonímicas, que "desnaturalizam" o real inicial. Esse gozo só se poderá buscar, *insistir*, na recusa do *limite*, num movimento — de que a anorexia é uma ilustração — radicalmente transgressor. Como observa N. Braunstein, o conflito "entre o gozo transgressor e o prazer homeostático[11]" pode ser referido à dinâmica da metapsicologia freudiana.

A Coisa tem uma identidade flutuante, mítica, afinal, por ser esse núcleo de impossibilidade anterior a toda simbolização e do qual nada sabemos para além de nossas representações irremediavelmente fictícias. O movimento em direção à Coisa é a pulsão de morte como destino final de todos os impulsos vitais humanos.

Na medida em que a Coisa é irrepresentável, interditada pela estrutura da lei da linguagem, mas fascinante, os objetos que nos deveriam encaminhar para ela só a farão existir de uma maneira imaginária ou *espectral*, como os

---

[9] Cf. J. Lacan, *Le Séminaire, livre VII, L'Éthique de la psychanalyse,* op. cit., pp. 121 a 152.

[10] J. Lacan, *L'Éthique de la psychanalyse,* op. cit., p. 239.

[11] N. Braunstein, op. cit., p. 72.

pavios de um gozo mítico. Ou não é assim que definimos a sacralidade dos objetos de mácula ou de tentação?

A distinção dos gozos

A condição da enunciação é que a falta não falte, que tenha ocorrido a castração simbólica, o corte que faz do sujeito um sujeito da lei; em outras palavras, que o complexo de Édipo tenha cumprido sua função. A Coisa é, pela linguagem (que estrutura a lei), instituída como interditada. Em seu lugar, o falo, como significante da falta, vai funcionar como organizador do desejo e colocar o outro como sustentáculo desse desejo. Assim, o falo como significante tem por significado a impossibilidade da Coisa que ele vem mascarar. Ele serve para designar a falta no outro, a castração da mãe. A falta no outro é, pois, significação do gozo como interditado mas, principalmente, impossível: separação do desejo da mãe. Tal é o alcance do complexo de castração, assim, formulado por J. Lacan: "A castração quer dizer que é preciso que o gozo seja recusado para que possa ser atingido, na escala invertida da lei do desejo[12]." "Na escala invertida da lei do desejo" significa: passando pela castração. O gozo, marcado pela castração, é o gozo fálico, gozo sexual, fora do corpo: ele não dispensa o corpo, mas está submetido ao código, à simbólica de sua erogeneidade, à sua partição. Distingue-se dos gozos do ser, que são gozos do corpo e fora do sexo, e excluem a troca e os regulamentos recíprocos, como abolição da diferença.

As patologias de adicção, a anorexia e a mística, que reconhecemos como condutas passionais, situam-se do lado de uma economia do gozo do ser: são a busca impossível de um impossível.

O gozo "fálico", outro nome do prazer, se inscreve na articulação com o simbólico e tem como apoio um corpo erogeneizado. O gozo do ser, ou gozo propriamente dito, se origina da procura daquilo que é marcado pela religião com estas fórmulas do inefável: o mais além, o extático. Aqui, o corpo "em bloco", sem partição, oferece-se por inteiro ao dilaceramento.

Na verdade, não se poderia isolar, devido à impossibilidade da Coisa, um puro sujeito do gozo, anterior à intervenção do significante, ao apelo do outro. Nós o observamos, clinicamente, nos momentos de *paixão*, quando o

---

[12] J. Lacan, "Subversion du sujet et dialectique du désir dans l'inconscient freudien", in *Écrits*, op. cit., p. 827.

objeto da busca passa do registro do prazer ao registro da necessidade. O gozo se decifra a partir do momento em que tem efeitos de destruição (de tentação) e que o corpo é experimentado e gasto mais em sofrimento do que em prazer. O sujeito próximo do gozo é aquele de uma conduta transgressora na relação com o corpo.

A questão da transgressão na busca anoréxica

"Pensar a transgressão"

Voltemos à transgressão. Como leitores de Michel Foucault, ele mesmo leitor advertido de Bataille, afirmaremos que não existe um mais além do limite que revele uma "totalidade". A transgressão só alcança o modo de seu retorno. Na sua relação com a lei, o ato de transgressão não é um movimento que viria descobrir aquilo que a interdição recobre. Se assume este sentido, é como conseqüência da ilusão de epifania do desejo amoroso.

Como pensar a transgressão?

Roger Dorey observa que ela "parece escapar a toda apreensão conceitual[13]". Sem dúvida, "o transgressor" ocupa o campo do fascinante (ou do abjeto), seja sob as formas eróticas, místicas ou artísticas nas quais ele aparece. "Ela nos age, mais do que nos fala". A transgressão é da ordem do gesto, muito pouco do discursivo ou conceitual. Ela é, fundamentalmente, um movimento, uma perspectiva de experiências que remetem uma à outra em espelho, onde se absorve o sujeito. É isso que tentamos designar pelos termos: abolição transitória do sujeito, queda de um pedestal, vertigem, vacilação...

A transgressão é assim referida ao fracasso e ao vazio, já que leva o sujeito a um ponto de desfalecimento em que ele se perde, e ela própria se afirma como inacabada. O jogo da transgressão, na sua relação com o interdito, não obedece a uma dinâmica dialética. Assim o exprime Roger Dorey: "A relação que ela mantém com o interdito, ou melhor, com o limite, deve ser compreendida como a coexistência irredutível de contrários sem nenhuma possibilidade de superação ou de síntese[14]."

No melhor dos casos, o gozo é esse efeito de excesso arrancado ao movimento da transgressão. Na medida em que está originalmente fechado ao gozo da mãe, o corpo próprio está no centro daquilo que é visado pela transgressão.

---

[13] R. Dorey, "Penser la transgression", in *L'Interdit et la transgression*, Paris, Dunod, 1983, p. 2.

[14] Ibid., p. 3.

Ele deve ser invertido, atravessado, em instância, como se diz de um negócio em instância, isto é, à espera de sua resolução.

"Considera-se, então", escreve R. Dorey, "que seja na experiência erótica e na experiência mística que a transgressão seja mais facilmente demarcável. Mas ela também está muito presente em certas experiências-limite, experiências do vazio e da morte...[15]." E prossegue, unindo-se, aqui, à pertinência das opiniões de M. Foucault: "A transgressão opera menos com relação a um interdito que aparece sempre como exterior ao sujeito — mesmo quando se o diz interiorizado — do que com relação a um limite interno que seria, de certo modo, o limite mesmo do sujeito. A operação de transgressão desse limite corresponderia então àquilo que pode ser visto como vacilação ou como abolição do sujeito[16]." De forma que se trata, nessa relação da transgressão com o gozo por ela permitido, da questão do próprio estatuto do sujeito, exposta no instante renovado desse movimento. "Talvez a experiência da transgressão, no movimento que a conduz em direção a toda a treva, traga à luz essa relação da finitude com o ser, este momento de limite que o pensamento antropológico, a partir de Kant, só designava de longe e do exterior, na linguagem da dialética[17]."

O gozo narcísico

O sujeito, estruturando-se como ser falante, e portanto submisso à lei, fecha-se a um gozo primeiro e absoluto. O desejo, na sua dinâmica de reconquista do objeto perdido, vai reencontrar o obstáculo do corte simbólico da castração que constitui um irredutível limite. O acesso "secundarizado" ao gozo submete-o ao princípio do prazer como princípio de gozo mínimo. Ele se define em relação ao obstáculo, cujo ultrapassamento, para além dos efeitos de ficção, não passará de uma vã "pirueta".

Em 1912, em "Sobre a tendência universal à depreciação na esfera do amor (Contribuições à psicologia do amor II)", Freud considera a subordinação do gozo ao obstáculo: "É necessário um obstáculo para fazer aumentar a libido, e ali onde as resistências naturais não bastam, os homens desde sempre introduziram convenções para poder gozar do amor (...). Creio que deveríamos considerar a possibilidade de que algo na natureza mesma da pulsão sexual não seja favorável à realização da plena satisfação[18]."

---

[15] R. Dorey, Penser la transgression, op. cit., p. 4.

[16] Ibid., p. 5.

[17] M. Foucault, "Préface à la transgression", revista *Critique*, op. cit., p. 766, e *Dits et écrits*, op. cit.

[18] S. Freud, "Sur le plus général des rabaissements de la vie amoureuse" (1912), in *La Vie sexuelle*, op. cit., pp. 63 e 64.

Ele remete a insatisfação inerente à pulsão, por um lado, à barreira do incesto, e por outro lado a "essa porção não educável" nela: a agressão (em particular, as componentes coprofílicas e os impulsos sádicos). "O que a civilização quer fazer delas não parece poder ser atingido sem uma perda sensível de prazer; a persistência das moções não utilizadas se manifesta na atividade sexual como uma insatisfação[19]."

Mas, em "O mal-estar na civilização", Freud dá mais ênfase ao aspecto intratável dessa parcela pulsional. Reconhece então, claramente, "uma bipolaridade do gozo", distinguindo da pulsão sexual (à qual ele pode, no entanto, misturar-se no sadismo) "uma tendência à agressão" (*Agressionsneinung*) como disposição pulsional primitiva e autônoma do ser humano: "É no sadismo para o qual Tanatos desvia, em seu proveito, a pulsão erótica, dando ao mesmo tempo completa satisfação ao desejo sexual, que distinguimos mais claramente sua essência e sua relação com Eros. Mas, quando ele entra em cena sem propósito sexual, mesmo no mais cego acesso de fúria destrutiva, não se pode desconhecer que sua satisfação é também aí acompanhada de um "gozo narcísico" (*narzistischen Genuss*) extraordinariamente acentuado, na medida em que mostra ao Eu seus votos antigos de onipotência realizados[20]."

Aqui, Freud fixa a polaridade de um gozo narcísico e seu correlativo, a destruição. Este gozo narcísico, oriundo do domínio do que chamamos de gozo do ser, forma o "entrave mais temível" à civilização, e resiste a todo processo de simbolização. Segundo Freud, no desenvolvimento do sujeito, uma parte do eu retoma a agressividade que irá alimentar a instância moral e produzir o sentimento de culpa. "A agressão é introjetada, interiorizada, mas também, para falar a verdade, reenviada ao próprio ponto de onde partiu: em outras palavras, voltada contra o próprio Eu (...). Na qualidade de consciência moral, ela irá manifestar, com relação ao Eu, a mesma agressividade rigorosa que o Eu teria gostado de satisfazer contra os indivíduos estranhos[21]." Isto é, o efeito de gozo ligado à ação da imposição moral por um mecanismo de reversão. Sem dúvida, é um paradoxo situar na função do supereu, ao mesmo tempo, um "recuperador" da agressividade originalmente gozo narcísico e a impossibilidade desse gozo. É isso que traz à luz "a coexistência irredutível de contrários" (interdição/transgressão)[22].

---

[19] Ibid., p. 65.

[20] S. Freud, *Malaise dans la civilisation,* op. cit., p. 56. Cf. *Le Malaise dans la culture,* in *Oeuvres complètes,* op. cit.

[21] S. Freud, Ibid., p. 80.

[22] R. Dorey, "Penser la transgression", op. cit., p. 3.

O interdito do gozo, o gozo do interdito

O supereu, como obstáculo interno, limite, induz um filtramento do gozo, o qual será buscado sob o modo de transgressão.

Referindo-se ao "Mal-estar na civilização", em seu seminário sobre *A ética*, Lacan guia a reflexão formulando que uma transgressão é necessária para aceder ao gozo: "É muito precisamente para isso que serve a lei[23]", para permitir o trilhamento pela via do desejo. Deve-se ainda repetir que, se a lei autoriza o gozo, este é um gozo limitado, e que não é à própria lei que cabe esta função de limitação, mas ao prazer, como princípio de não-desprazer a serviço da realidade. Lacan defende aqui uma idéia, que irá desenvolver em "Subversão do sujeito e dialética do desejo": "É o prazer que traz ao gozo os seus limites, o prazer como ligação da vida, incoerente até que uma outra — e esta não contestável — interdição surja dessa regulação descoberta por Freud como processo primário e pertinente lei do prazer[24]."

O gozo, por sua vez, é co-extensivo ao mais-além do princípio do prazer, ao que se revela dessa "insondável agressividade que volto contra mim (...), desse campo inominável do desejo radical, na medida em que é o campo da destruição absoluta[25]."

Sempre em *A ética*, Lacan explicita a natureza do gozo, ligando-a à questão da maldade do homem para com seu próximo, e o identifica ao Mal. "O gozo é um mal, porque comporta o mal do próximo"(...). "Este mal que está em mim mesmo e que vejo em meu próximo é este coração de meu gozo, de que não ouso me aproximar[26]." Ele considera, pois, o gozo do sujeito e o do outro, o semelhante, na dimensão especular, de tal maneira que o sujeito ataca, em seu semelhante, o que só pode desconhecer de si mesmo.

A anoréxica e sua transgressão

Uma vez que o gozo está desde sempre perdido, que é tornado impossível pela linguagem, a não ser pela via autorizada pelo interdito, este último é a condição do desejo e da possibilidade de aceder ao prazer. Doravante submetido ao limite, e constituindo a si mesmo como limite, o desejo, na sua relação com o franqueamento, renova o interdito. A transgressão é, fundamentalmen-

[23] J. Lacan, *L'Éthique de la psychanalyse*, op. cit., p. 208.
[24] J. Lacan, "Subversion du sujet et dialectique du désir...", op. cit., p. 821.
[25] J. Lacan, *L'Éthique de la psychanalyse*, op. cit., p. 256.
[26] Ibid., pp. 217 e 219.

te, correlativa do interdito, num movimento cíclico de reversão pelo qual o gozo é mantido. Serge Leclaire dá uma fórmula brilhante desse jogo recíproco da letra dando corpo ao gozo: "O interdito é a articulação literal considerada na sua função de limite ao gozo (...) mas vê-se então que, se convém afirmar que o dito, como articulação literal, interdita o gozo, deve-se considerar ao mesmo tempo que o gozo, como anulação, apaga o dito e instaura a transgressão por onde será imperativamente suscitado um novo dito (ou a repetição do mesmo) para que o gozo seja ainda possível. Pode-se considerar essa relação recíproca do gozo e da letra como um ciclo essencial[27]."

Assim, o gozo e a letra fundam-se um no outro. "A distância ou a pura diferença" que, para Leclaire, designa "o gozo do corpo", engendra a letra como marca da zona erógena. Por conseguinte, "o gozo só é possível de se encontrar num movimento de transgressão da barreira da articulação literal, barreira que ele, no entanto, engendrou[28]".

O desejo, por não se contentar com nenhum objeto, renova sempre a procura. Do ponto de vista econômico, ele oscila entre queda e amplitude. O desejo sexual, em seu auge e em sua resolução, que assinalam o retorno ao equilíbrio, dá a medida simbólica do mais e do menos, do ir e vir articulados à homeostase.

Numa economia do gozo do ser, como a da anorexia, o interdito não produz o desejo, mais precisamente, o corpo erogeneizado do desejo. Se o desejo ocupa a psique, é em vão. O que a anoréxica tenta (e pelo que é tentada) é que, para além do desejo, apareça alguma *coisa* de superior. (H. Bruch destaca este dado como central na clínica da anorexia).

Enquanto o desejo coloca a transgressão como uma invocação do interdito que ela reconhece, o projeto anoréxico, na sua "loucura", é de se declarar fora do alcance do interdito (de sua encarnação), de renegar, na relação com o prazer, sua função de limite ao gozo. O drama da anoréxica é que, precisamente, para além de suas transgressões, ela espera alguma coisa. Ela não está detida num corpo de prazer. Sua "loucura" é a de crer que a transgressão abole a lei.

Nas suas privações, em sua recusa e sua "ascese metódica", o sujeito renuncia a consumir seus objetos e faz-se presa de uma tentação que invade o corpo com um fluxo contínuo de excitações. Braunstein observa, nesse sentido: "Conhecemos o gozo do ser (...) de maneira imperiosa, porque ele aparece clinicamente em sujeitos cujo corpo é um cenário por onde escoa sem limite a fala

---

[27] S. Leclaire, *Psychanalyser*, Paris, Seuil, 1968, pp. 154 e 155.

[28] S. Leclaire, op. cit., p. 156.

do Outro, suas ondas, suas vibrações e seus raios, que nele produzem estranhas transformações, onde a fala opera como um real alucinatório e onde a linguagem pode chegar, pela via do delírio, a aplicar um freio precário ao gozo[29]."

No limiar mesmo da destruição, não se trata mais de gozo pela transgressão, mas "no desintrincamento pulsional, no não-representável, no insensato, no inanalisável[30]". Dominada pela componente narcísica que, como indicou Freud, pode dispensar um objetivo sexual, a anoréxica não alcança um corpo de prazer. A nosso ver, é a falta de elaboração "de um corpo de prazer" (o fracasso do prazer em cumprir sua função de limite ao gozo) que engaja a anoréxica na "transgressividade").

O corpo "extasiado" da anoréxica

É claro que, conforme a teoria psicanalítica, o corpo de que se pode falar não se origina de uma constatação em seus dados brutos, mas trata-se de "um corpo construído", elaborado psiquicamente. "É da imagem do corpo que Freud necessita para falar do funcionamento psíquico e da existência do inconsciente. Este procedimento é fundador: é o próprio procedimento psicanalítico, coerente com a natureza de seu objeto, o inconsciente, em ruptura radical com aquele das ciências naturais: rompendo com a onipotência da idéia da realidade constatada, para estabelecer a de uma realidade concluída, a da fantasia[31]." Assim, "um corpo real" ou biológico não é concebível, mas se apaga por trás de sua representação, sua metáfora.

O eu é definido por Freud como uma superfície de projeção do organismo fundada por essa operação: "O eu é finalmente derivado de sensações corporais, principalmente daquelas que têm sua fonte na superfície do corpo. Ele pode, assim, ser considerado como uma projeção mental da superfície do corpo, e além disso (...) representa a superfície do aparelho mental[32]." Ele é marcado por uma distância, produto de uma derivação: do biológico ao psíquico, do corpo real ao corpo fantasmatizado. Sem dúvida, essa operação se sustenta pela aparição do símbolo, a qual se deve às aquisições da linguagem contemporâneas do destacamento do narcisismo e do reconhecimento de sua própria

---

[29] N. Braunstein, op. cit., p. 100.

[30] A. Green, "Pourquoi ce mal?", in *Nouvelle revue de psychanalyse*, n.º 75, 1988, p. 249.

[31] F. Gantheret, "Remarques sur la place et le statut du corps en psychanalyse", in *Nouvelle revue de psychanalyse*, nº 3, 1971, p. 139.

[32] S. Freud, "Le moi et le ça" (1923), in *Essais de psychanalyse*, op. cit., p. 328, nota 5.

imagem no espelho. Segundo Guy Rosolato: "O reconhecimento da forma unificada do corpo próprio, a constituição da imagem do corpo, acompanha de perto o desenvolvimento da linguagem na criança: entre os nove e os doze meses, a imitação gestual ocorreu ao mesmo tempo que a possibilidade de compreender e seguir ordens simbolizadas. O não-semântico é utilizado a partir dos quinze meses; as primeiras palavras, bem antes; logo, no próprio período em que se forma a imagem do corpo[33]."

Assim, o "real" orgânico, em sua componente narcísica (esse fundo de gozo), é assumido pelo sistema significante, doravante substituído, para sua satisfação libidinal, pela função representativa do símbolo.

O corpo, desligado da representatividade simbólica, fala, de certa maneira, sob o modo do dilaceramento, da destruição: ele falha para o sujeito.

A letra do corpo

A questão do *corpo* em psicanálise implica a de suas determinações erógenas. Freud evoca, com efeito, "um corpo concebido por inteiro como zona erógena[34]", isto é, suscetível de ser a sede de uma excitação de tipo sexual, não em partes pré-inscritas, mas, como ele diz, "por inteiro", de sorte que o corpo em seu conjunto pode ser dito erógeno.

A excitação ou excitabilidade de tipo sexual que "marca" a zona erógena qualifica uma localização do corpo "de ser a sede de uma diferença imediatamente acessível, sensível, prazer ou desprazer, e de poder recolher de alguma maneira a marca dessa diferença[35]". Essa diferença, constituída por um mais e um menos de prazer, inscreve no corpo uma espécie de ponto de mobilização, em contraponto à ordem orgânica. Serge Leclaire define a zona erógena por um certa "imediatização" do acesso à pura diferença, isto é, a um fragmento de gozo fixado num lugar do corpo como uma letra, uma inscrição por onde se vai querer fazer o retorno desse gozo. Da primeira carícia, da primeira "provocação" materna surge a letra, abre-se "uma cratera de gozo[36]", estigma da pura diferença. Uma variação fixou-se no lugar onde se produziu essa diferença e os objetos do desejo virão girar em torno dessa letra impossível de reencontrar: "O objeto como tal é aquilo que se manifesta, em seguida, no lugar dessa *letra*

[33] G. Rosolato, "Recension du corps", in *Nouvelle revue de psychanalyse*, nº 3, 1971, p. 15.
[34] S. Freud, *Abrégé de psychanalyse*, trad. franc. de Anne Berman, Paris, P.U.F., 1975, p. 11.
[35] S. Leclaire, *Psychanalyser*, op. cit., p. 67.
[36] Ibid., p. 72.

perdida; seu efeito, no campo erógeno, é pois o de reviver a emoção da diferença, de recordar a síncope do prazer[37]."

Assim aparece, na gênese do corpo simbólico, um intrincamento profundo entre a letra e o objeto, pelo qual um gozo será possível, embora, como dissemos, limitado pela alternância e pela repetição. O conjunto das letras pode, então, ser descrito como um corpo (*um livro*) onde se inscrevem os traços limitadores do gozo. O corpo é de certa forma alfabetizado, isto é, significado e metaforizado através dos objetos que o exprimem na economia do desejo. Logo, não existe letra sem uma referência explícita à diferença sexual. É por isso que não há interdito concebível sem referência ao corpo do interdito, isto é, um corpo definido como um conjunto de signos, de traços erógenos que escavam o próprio interdito e os movimentos infinitos de sua ultrapassagem. O corpo de prazer, na medida em que é inseparável da procura de seus objetos, é, para o sujeito, abertura para uma "alteração"; ele cria laço com alguma outra coisa, agencia a "exterioridade", situa o sujeito como ser social. O corpo concebido como um conjunto de letras (ligado à partição erógena) permite a escrita do desejo, na medida em que não há escrita que se acabe.

O corpo da anoréxica ou "o apagamento das zonas erógenas"

O "corpo de gozo", em oposição a um corpo de prazer, é fundamentalmente falho na sua organização erógena. Em seu estudo sobre a anorexia que marcou data, E. e J. Kestemberg e S. Decobert concebem o corpo "privado", como "um conjunto vivido em separado das zonas erógenas": "Nesses sujeitos, as zonas erógenas são vivenciadas como indistintas, confundindo-se umas com as outras; nós as encontramos ativamente latentes, através do comportamento ou de contra-investimentos, sem que a procura da satisfação jamais se manifeste (...). As anoréxicas expressam, aliás, que se vivenciam como um tubo representando todos os aparelhos anatômicos reduzidos a um só, e traduzem desse modo tanto o seu sentimento de fusão quanto a confusão da genitalidade com a oralidade e na analidade[38]."

O corpo não pode ser vivido como sujeito nem objeto de desejo, seja para si mesmo ou para outrem. Ele não é a sede de nenhuma excitação aferente a uma zona: se "esses pacientes se permitem exprimir uma sensação de prazer, é na medida mesma em que esta lhes parece muito distanciada de seus corpos,

---

[37] Ibid., p. 74.

[38] E. e J. Kestemberg, S. Decobert, *La Faim et le corps,* op. cit., pp. 149 e 150.

e adquire, a seus olhos, um matiz sublimado[39]". As sensações de privação e, prioritariamente, a fome, instalam uma tentação que é a fonte de seu gozo.

Paradoxalmente, fugir ao corpo, rejeitá-lo por negativismo, implica "colar-se" a ele ao máximo, senti-lo mais que ninguém, devido aos sofrimentos e pensamentos que se impõem. O corpo está então intensamente presente, ainda que exaurido de seus recursos libidinais. Nenhum objeto poderia responder à inscrição de uma letra erógena engajando o ciclo econômico do desejo, o movimento alternativo da tensão e da resolução. A experiência anoréxica e mística, como vimos, recusa a todo objeto sua possibilidade de satisfazer. Ela renega sua utilidade. A paixão anoréxica (e mística) se faz testemunho da ausência de objeto — etimologicamente, ela é mártir. Em contrapartida, nada está mais *presente* do que esse objeto: ele ilumina. E a iluminação ocorreu na falência.

A anoréxica revela o que seria um gozo do ser, fora do sexo, para além do gozo fálico. Ela se interdita o prazer para oferecer-se em tentação ao gozo.

O recalque originário incide sobre um gozo *inteiro* do corpo, que se condensa então no mito de um paraíso perdido; e este, na sua persistência, produz os afetos difusos da abjeção, no núcleo, como dissemos, das formações religiosas. Logo, é impossível ir à frente de Deus sem encontrar o diabo. O falo, dissociado entre o falo do pai e seus significantes, "não ocasiona mais que um gozo de palavras, fora do corpo, gozo que se contrai sobre a pulsão. O olhar, a voz, o prazer da boca, representam esses fragmentos, esses restos de um gozo total restritos a alguns órgãos[40]".

O gozo anoréxico vai da angústia ao "êxtase". Ele se mostra sobre "uma cena obscena", na medida em que suspenso a um impossível, ao dilaceramento, ao sacrifício. O corpo em suas torções se quer sentido por si só, falo, corpo real e impossível: "No mito, o corpo total, falo perfeito da mãe, gozava[41]."

---

[39] Ibid., p. 157.

[40] G. Pommier, *L'Exception féminine,* op. cit., p. 221.

[41] Ibid., p. 220.

Capítulo II

Anorexia santa e anorexia profana

A questão do jejum anoréxico nas suas relações com o da mística, e de modo mais geral com as condutas religiosas de privação, expõe a questão do uso da analogia como método. A analogia, apreensão de "um mesmo" de um campo a outro, subtende o método freudiano. Trata-se de esclarecer uma problemática por uma outra, em favor das semelhanças, permanecendo a clínica como ponto de ancoramento evitando qualquer deriva. Assim, Freud aproxima o estado amoroso da hipnose, os atos obsessivos das práticas religiosas, o luto da melancolia, para ficarmos apenas com os exemplos mais conhecidos.

Tocamos, aqui, numa das instâncias fundamentais da epistemologia freudiana, para além dos "decretos" de nossa tradição filosófica. Ferenczi alçou o procedimento a alturas vertiginosas em *Thalassa*, franqueando, com botas de sete léguas, o fosso que separa a biologia da teoria do psiquismo. Freud, mais comedido, limita a aplicação de seu método somente ao domínio dos fatos humanos, ficando a comparação com o biológico em "Mais-além do princípio do prazer" isolada em sua obra. Ele mesmo reconhece os riscos que assume e suas audácias, quando aproxima a neurose obsessiva dos mecanismos de proibição operantes nas sociedades primitivas: "Mas devemos dar ouvidos a uma advertência, no momento de fazer tal tentativa. A semelhança entre o tabu e a doença da compulsão pode ser puramente externa, válida para a forma sob a qual ambas se manifestam, e não se estender à sua essência. A Natureza gosta de empregar as mesmas formas em contextos biológicos os mais diversos, por exemplo, tanto na colônia de corais como na planta, e até em certos cristais ou na formação de alguns precipitados clínicos. Seria, evidentemente, inconsiderado e pouco promissor justificar, por essas concordâncias que provêm de uma comunidade de condições mecânicas, conclusões concernentes a um parentesco profundo[1]." Como de hábito, ao mesmo tempo em que levanta a objeção, Freud acompanha sua intuição, que atua como uma tentação para ele: "Graças à investigação psicanalítica, ele (o pesquisador) conhece o bastante essa doença de compulsão, sua etiologia clínica e o essencial do mecanismo psíquico para não poder se impedir de utilizar o que aprendeu neste domínio, a fim de esclarecer o fenômeno correspondente à psicologia dos povos[2]." Para ficarmos mais perto de nosso vocabulário atual, podemos traduzir "parentesco profundo" por "afinidade de estrutura". Num conjunto de relações extrínsecas, convém isolar as analogias de estrutura. Freud avalia, a este preço, a eficácia de seu método. Assim se confirmaria, se ainda fosse necessário, o procedimento estrutural do fundador. Seguindo o mesmo procedimento, achamos legítimo aproximar a anorexia mental das condutas religiosas de privação alimentar, não sob o ângulo simples das analogias extrínsecas, mas para destacar um movimento comum, uma trajetória saída de uma mesma origem.

Neste ponto, é preciso mencionar a obra de R. Bell, *Holy Anorexia*, traduzida para o francês em 1994 sob o título *L'Anorexie Sainte. Jeûne et mysticisme du Moyen Âge à nos jours* [A anorexia santa, jejum e misticismo da Idade Média aos nossos dias]. A hipótese subjacente a seu trabalho cruza a nossa, na sua abordagem analógica de duas séries de condutas separadas no tempo: a "anorexia" santa e a anorexia contemporânea. Entretanto, a abordagem de Bell não se quer psicanalítica.

Seu ensaio incide sobre um grupo de 261 mulheres oficialmente reconhecidas pela Igreja católica romana como santas, bem-aventuradas, veneráveis ou servas de Deus, e que viveram entre 1200 e a época atual na península italiana. O autor convém que os dados históricos relativos a cerca de um terço delas são muito insuficientes para que se tirem conclusões utilizáveis, mas afirma: "Dentre as mais ou menos 170 restantes, mais da metade manifestou sinais evidentes de anorexia; possuímos uma documentação vasta e absolutamente confiável para várias dezenas delas. Trata-se, aí, de mulheres que geraram controvérsias e atraíram atenção. Durante anos, e mesmo séculos depois de suas mortes, elas representaram modelos de coragem, figuras protetoras para os crentes que disputaram a posse de suas relíquias e escutaram, com veneração,

1 S. Freud, *Totem et tabou*, op. cit., p. 114.

2 Ibid.

os pregadores que falavam de suas atitudes santas[3]." O autor quer pôr em evidência a dimensão reativa, significativa com relação à História, de um conjunto de comportamentos de tipo anoréxico, em face das estruturas sociais patriarcais do mundo medieval. Ele propõe considerar como uma realidade histórica essa "anorexia santa" que, segundo ele, deve conduzir a uma reavaliação das modalidades de abordagem da anorexia contemporânea.

Bell encontra, em todas essas santas anoréxicas, características comuns. "Quando eram bebês, seus pais as adoravam, particularmente suas mães; deram-lhes a impressão de serem extraordinárias, eleitas dentre os outros a fim de serem amadas (...). Elas tinham um caráter jovial, muito expansivo, talvez um pouco exuberante e autoritário demais para meninas, mas seu comportamento era perfeitamente aceitável e até mesmo enternecedor, principalmente para filhas caçulas ou favoritas[4]." Este quadro concorda com a "bela normalidade" das anoréxicas de hoje. A morte de um membro da família (ou uma dolorosa separação) parece ter desempenhado, em seguida, um papel essencial na aparição do desencadeamento ascético. A mocinha "decide", sob a pressão de suas aulas de catecismo, que seu próprio corpo provocou a morte da pessoa amada, e que ele está desesperadamente corrompido. Segue-se uma guerra inexorável contra as exigências do corpo, na qual Bell situa a trama "de uma busca de autonomia e de uma apropriação das prerrogativas masculinas[5]". Ele nos parece, todavia, muito evasivo na análise dessa fórmula. Sem dúvida, coloca nela a tentativa dessas jovens para "libertar-se do patriarcado que tenta se interpôr entre a santa anoréxica e seu Deus[6]". Pela união física e mística com Deus, o esposo espiritual está em comunhão direta com ela, tornando inútil toda forma de mediação, tornando-se negligenciáveis as ordens dadas pelos homens aqui embaixo. Podemos lamentar que a noção de "autonomia" não encontre, sob a pena de Bell, uma definição precisa. Ao que parece, ele toma o termo emprestado de H. Bruch, na qual este tem o sentido "de uma busca cega de identidade" e de um transbordamento narcísico. No entanto, notamos com interesse que Bell refere a "crise de autonomia" a um estado de perturbação interna cujo paradigma mítico é o episódio de Jesus no deserto. Ele observa, enfim, que depois de ter conhecido um surto notável desde o Século XIII, a anorexia santa declinou a partir da Reforma, no começo do Século

---

3 R.M. Bell, *L'Anorexie sainte. Jeûne et mysticisme du Moyen Âge à nos jours*, trad. franc. de C. Ragon-Ganovelli, Paris, P.U.F., 1994, prefácio, IX.

4 Ibid., pp. 163 e 164.

5 R.M. Bell, op. cit., p. 167.

6 Ibid., p. 166.

XVI. "A anorexia santa era, na época de Clara de Assis ou na de Catarina de Siena, ao mesmo tempo santa e anoréxica: uma mulher podia assim afirmar sua própria personalidade, em reação ao mundo que tentava dominá-la. Entretanto, com a Reforma, a autonomia religiosa das mulheres foi pouco a pouco considerada como uma heresia ou obra do Diabo[7]." O modelo da santidade foi substituído pelo da benfeitora.

A obra de Bell oferece ao clínico uma riqueza documental exemplar e nos confirma na orientação da pesquisa que foi a nossa. Resta que a hipótese de base de "uma reação contra a estrutura social patriarcal" é insuficiente, a nosso ver, e deixa intocada a questão da trama fantasmática no princípio da escolha anoréxica.

Catarina de Siena (1347-1380)

Lenda

Catarina pertencia a uma família de artesãos de Siena que tingiam a lã, "raça laboriosa, proba, inclinada à piedade austera[8]". O pai, Giacomo de Benincasa, fazia parte da classe intermediária entre a aristocracia e a plebe, a esse terceiro estado a que se chamaria hoje a burguesia. Antes de sofrer graves reveses financeiros, conheceu a prosperidade, possuindo uma oficina importante com uma sucursal em Florença. Era, ao que parece, um homem bom, de temperamento doce, bastante afastado dos assuntos domésticos, e que mantinha com sua filha relações de uma discreta ternura. A mãe, Lapa Piacenti, teve nada menos de vinte e cinco filhos, dos quais onze sobreviveram: cinco meninos e seis meninas. Catarina era uma gêmea, nascida tardiamente, quando a mãe já contava uns quarenta anos. Ela foi separada de sua irmã ao nascer; esta última, confiada a uma nutriz, morreu rapidamente. Catarina é alimentada no seio da mãe, que não deixará de lhe recordar que ela é sua favorita, já que lhe sacrificou sua irmã gêmea. É verdade que Catarina se beneficia de atenções que seus irmãos e irmãs jamais receberam. Lapa não amamentou nenhum de seus filhos como Catarina, que guardou junto a si até cerca de um ano. Em seguida, viu-se grávida de uma última menina, chamada Giovanna, como a gêmea morta. Esta morreu quando Catarina chegou aos dezesseis anos.

---

[7] R.M. Bell, op. cit., p. 253.

[8] P. Gauthiez, *Sainte Catherine de Sienne*, Paris, Bloud et Gay ed., 1916, p. 21.

A criança surpreende por sua precocidade. É amada, admirada, mimada por toda a vizinhança. É uma menina alegre e bem comportada, que encanta os que a cercam: "Todos os parentes a disputavam, e a levavam para suas casas a fim de rejubilar-se no convívio com sua alegria infantil[9]."

Aos sete anos, ela tem sua primeira visão, que decide seu destino: "Jesus, aureolado de branco, lhe sorri, e traça sobre ela o sinal da cruz." A seu irmão, que estava com ela, responde o que nenhum homem deseja escutar da boca de uma mulher: "Ah! se você visse o que eu vejo, não iria me sacudir para me tirar uma tão doce visão[10]." Assim acontece nos sonhos acordados, quando o sonhador não quer se levantar. No êxtase, a vida "real" de Catarina começava.

Pouco a pouco, com obstinação e "virilidade" (tal é a atitude que ela não cessará de imprimir à sua vida), renuncia a "essa expansão graciosa que a fazia querida e procurada por todos". Em troca, assume sobre si mesma e sobre os demais uma autoridade, uma ascendência que irá aumentar na proporção de seu descarnamento físico.

Com apenas sete anos ela decide dedicar sua virgindade à Virgem. Renunciando aos homens, toma ao mesmo tempo a resolução de "tirar desta carne qualquer outra carne, pelo menos o quanto lhe for possível[11]". Começa a privar-se de carne, dando-a a seus irmãos e irmãs ou jogando-a, pedaço por pedaço, para o gato, às escondidas de todos, comportamento que observamos com muita freqüência nas anoréxicas de hoje.

Um dia, ao ser repreendida pela mãe, que descobriu suas manobras, ela responde, como prelúdio a um combate encarniçado contra esta: "Minha querida mãe, quando eu obedecer de maneira insuficiente, ou quando exceder as suas ordens, suplico-lhe que me bata tanto quanto quiser para que eu preste mais atenção da próxima vez. É o seu direito e o seu dever. Mas suplico-lhe não blasfemar diante das minhas imperfeições, pois isso não convém à sua dignidade e me fere demais[12]." Uma vida de cólera, de fúria e de infinitas censuras, mas também de cumplicidade e de dependência apaixonada irá selar as duas mulheres.

Ela lhe declara, ainda: "Desejei com um grande desejo vê-la como a verdadeira mãe, não somente do meu corpo, mas também da minha alma", e pedelhe, por isso, que não poupe seus sofrimentos, nos quais ela irá colher a força

[9] P. Gauthiez, op. cit., p. 28.
[10] P. Gauthiez, op. cit., p. 31.
[11] Ibid., p. 33.
[12] R. de Capoue, *vie de Catherine de Sienne*, trad. R. P. Hugeny, Paris, Lethielleux, 1905, p. 42.

para ser "esta mãe verdadeira": "Sofra sua dor (...). Dedique-se a compreender o seu nada[13]."

Lapa, "a boa mãe", que ainda não sabe do voto feito em segredo por sua filha, ocupa-se, segundo os costumes, de "que Catarina torne seus cabelos louros e tome cuidados para bem ornamentar seu corpo, a fim de agradar mais ao esposo que procuram para ela[14]". Mas Catarina recusa todos os enfeites e as vantagens de seu sexo. Ela não quer agradar. Sua mãe se irrita e quer dobrá-la com ameaças, argumentando que "um bom casamento" não seria inútil para a família, que experimentava há algum tempo dificuldades nos negócios. Lapa é uma mulher profana e pragmática. As preocupações espirituais não protegem contra a falência. Novamente, choca-se contra a determinação inflexível da filha, que jamais irá ceder. Catarina é então enviada para junto de sua irmã mais velha, Bonaventura, de quem gosta muito, e de quem se espera que obtenha um melhor resultado. Esta consegue, com efeito, fazê-la admitir que cuidar de sua aparência física não pode desagradar a Deus. Mas, brutalmente, Catarina é devolvida à dor: Bonaventura morre de parto. Ela se acusará, mais tarde, "de ter amado demais sua irmã, que lhe parecia tê-la amado mais que a Deus". O dominicano R. de Capoue, que relata o fato, não teme dizer que Bonaventura pagou com a vida o crime de ter sido "tentadora nessa questão de vaidade".

Catarina volta, então, aos rigores da penitência e reduz mais ainda sua alimentação. Lapa, pretendendo dar a mão da filha ao viúvo de Bonaventura, seu cunhado, portanto, continua a perseguir Catarina, como aliás faz toda a família. Envia-se então um padre até Catarina, a fim de tentar convencê-la a render-se à razão do casamento. Este não resiste por muito tempo diante dos argumentos de Catarina. Rendido à sua vontade, dá-lhe o seguinte conselho: "Corte os cabelos. Talvez então não lhe falem mais em casamento, e ficará em paz[15]." Dito e feito. Ela corta os cabelos e cobre a cabeça com um véu. Quando a mãe o arranca e descobre a tonsura, é tomada pelo furor: "Filha má, cortou os cabelos, mas está pensando por acaso que vai fazer o que quer? Mesmo que não queira, os cabelos vão tornar a crescer, e mesmo que seu coração se parta, será obrigada a tomar um esposo. E não terá sossego enquanto não consentir em nossas exigências[16]." Catarina é então privada de um quarto particular para se recolher, e obrigada a fazer todo o serviço doméstico; faz o papel de criada.

---

[13] R. de Capoue, op. cit., p. 42.

[14] P. Gauthiez, op. cit., p. 39.

[15] P. Gauthiez, op. cit., p. 41.

[16] Ibid., p. 42.

Mas, como se as provações devessem reforçar sua vontade, constrói para si uma "cela interior" inabordável e fortificada. Pouco tempo depois, declara à família: "Agora que, pela graça de Deus, atingi a idade da razão e tenho mais sabedoria, fiquem sabendo que em mim algumas coisas estão tão ancoradas que seria mais fácil derreter uma pedra do que extirpá-las do meu coração (...). Devo obedecer a Deus, não aos homens (...). Tenho um esposo tão rico e poderoso que nunca deixará que me falte o necessário e proverá todas as minhas necessidades[17]." Diante deste discurso — que Ginette Raimbault e Caroline Eliacheff comparam ao de Antígona a Creonte — o pai é o primeiro a ceder. Nesse sentido, ele é um Creonte vencido: alguém que passa a um outro a lei que, no entanto, ele encarna. "Que ninguém ouse vir atormentar minha filha, que ela sirva seu Esposo em paz e em liberdade...", diz o pai de Catarina. Ela retoma, então, seu percurso, tão austero e sobre-humano que mal se compreende como permanecerá viva por vinte anos ainda. Este rigor inaudito leva-a a tal ponto de magreza "que, em sua morte, o umbigo quase lhe tocava os rins[18]". Come somente um pouco de pão, ervas cruas, e bebe somente água, e "muitas vezes se manteve sem nenhum alimento corporal, e mesmo sem beber água ou qualquer outra coisa, permanecendo sempre jovial, numa santa alegria[19]". Além disso, reduz seu sono até chegar a dormir apenas por uma hora a cada dois dias, usa o cilício e flagela seu corpo três vezes por dia com uma corrente de ferro.

Lapa, vendo assim a filha mortificar-se e perecer, desespera-se: "A velha arrancava os cabelos da cabeça. Alvoroçava a vizinhança com seus gritos desesperados quando encontrava Catarina dormindo nua em cima de uma tábua, e forçava-a a partilhar seu leito[20]." A moça torna a sair assim que a mãe adormece. Trazida de volta, coloca embaixo do corpo sua querida tábua. Lapa chega a extremos. Leva-a aos "banhos (...) para lhe restituir a saúde", mas Catarina demonstra ser uma estranha banhista: "Ela usava águas quentes para mortificar-se", expondo-se aos jatos ferventes que saíam dos canos. Na volta, solicita admissão às irmãs penitentes dominicanas. Sua mãe, doravante sua aliada, começa os procedimentos, mas esbarra na recusa da ordem.

A brutalidade de suas privações faz suspeitar a presença do diabo, e incita a ver nela uma inspirada pelo demônio, uma feiticeira ou uma simuladora. As autoridades eclesiásticas e masculinas da época viam com muito maus

---

[17] Ibid., p. 42.
[18] Ibid., p. 44.
[19] Ibid., p. 45.
[20] Ibid., p. 47.

olhos essa jovem exaltada. Se hoje o demônio não pertence mais a nossas referências, continua-se, no entanto, a suspeitar a anoréxica de más intenções, e a querer "corrigi-la" pela força ou pela ameaça. "Guardadas as proporções, as reações que ela suscitou podem ser comparadas àquelas provocadas pela jovem anoréxica do Século XX: admiração de uns, suspeita, desconfiança e até ódio de outros, e em todos a vontade manifesta de dobrá-la[21]", escrevem Ginette Raimbault e Caroline Eliacheff a propósito de Catarina.

Como de costume, Catarina tenta explicar-se e tornar racional "a dimensão do inefável": "Asseguro-lhe diante de Deus que me esforço uma ou duas vezes por dia para ingerir alimento. Asseguro-lhe que freqüentemente, depois de ter feito todos os esforços, examinei bem essa enfermidade, e pensei que Deus a dera a mim, em sua bondade, para me corrigir do vício da gula. Muito gemi por não ter tido forças de me corrigir pelo amor. Não sei, agora, que regime empregar, e peço-lhe que ore à Verdade eterna para que me deixe alimentar-me, se isso lhe agradar. Peço-lhe que me diga que remédio conhece, e eu o tomarei de boa vontade...[22]." Ela demonstra inocência e candura diante da alimentação: "Se pudesse, eu o faria de boa vontade." À maneira de um outro campeão do jejum, Franz Kafka, ela pode dizer: "Sou forçada a ter fome, não posso fazer diferente (...), porque não pude encontrar alimentos que me agradem. Se tivesse encontrado um, não teria criado tantos problemas e me teria saciado com ele[23]." Como convencer um espírito "regrado" de que a única maneira de viver é não comendo?

Diante da recusa das irmãs da ordem, as mantelatas, assim chamadas por causa do grande manto negro com que se cobriam, Catarina cai doente. Talvez se tratasse da varíola, que vai cobri-la "de pústulas e de pequenos abscessos". Desfigurada, queimando em febre, ela vê lamentar-se à sua cabeceira a pobre Lapa. Voltou a ser a favorita, aquela que foi amamentada, querida entre todos. Lapa recupera seus sentimentos de jovem mãe por essa filha ameaçada por uma doença, na época, fatal.

"Minha doce mãe", diz Catarina a Lapa, "se quiser ver-me recuperar força e saúde, faça com que seja acolhido meu desejo de receber o hábito das irmãs penitentes. De outra maneira, receio mesmo que Deus faça de modo com que você não mais me possua, nem sob esse hábito, nem sob nenhum outro[24]." Ouve-se o paradoxo na sua injunção: "Para me possuir, é preciso que aceite

---

21 G. Raimbault, C. Eliacheff, *Les Indomptables. Figures de l'anorexie*, éditions Odile Jacob, p. 247.

22 Catherine de Sienne, "Lettre CCCXIII à un homme religieux de Florence", P. Tequi éditions, pp. 1502-1509.

23 P. Gauthiez, *Catherine de Sienne*, p. 50.

24 Ibid., p. 50.

perder-me, um pouco menos, porém, que o faria a morte." Possuída, por sua vez, Lapa corre para as irmãs a fim de que estas revejam sua posição. Aceitam, sob a condição de que a moça não seja, em absoluto, "de uma beleza demasiado sedutora". Lapa oferece-lhes julgarem por elas mesmas, segura do resultado. A beleza de Catarina (que nunca havia sido extraordinária) naquele momento havia desaparecido por completo; os estragos da doença mal permitiam que se lhe distinguissem o rosto. A "piedosa fraude" deu certo, e as freiras são unânimes em pronunciar a admissão, apesar das últimas resistências de Lapa. Como por encanto, Catarina cura-se em poucos dias: "E, num belo domingo, viram-na atravessar, em companhia de sua mãe, a curta via que leva a São Domingos, lá onde ela iria receber o manto negro[25]."

Pode causar surpresa o fato de Catarina ter exigido pertencer às irmãs mantelatas, já que se tratava de uma ordem "leiga", composta por viúvas exploradas ou mulheres de idade madura, vivendo em suas casas e não em um convento, e destinadas à ação secular. Eram, em suma, militantes da fé. Poderíamos esperar, por parte de Catarina, uma renúncia que envolvesse o claustro e uma missão de oração. Mas, sem dúvida, sua escolha permitiu que ela e a mãe nunca se separassem. E foi na ação militante que Catarina pôde acomodar "sua virilidade".

Para além do que lhe é exigido pela ordem, ela pronuncia três votos principais: castidade, obediência e pobreza. O primeiro já era, há muito tempo, o princípio de sua conduta; ela exagera o segundo, acrescentando à obediência devida ao prior da ordem e à superiora a mais exata submissão a seu confessor, a quem interroga sem cessar. (Sua submissão não deixa de ser acompanhada pelo exercício de um poderoso despotismo moral.) Para o terceiro, não somente prodigaliza aos pobres os recursos, então copiosos, da casa paterna, mas chega a rezar pelo empobrecimento de sua família. E vai ser amplamente atendida: pai e irmãos arruinam-se.

A tentação é o reverso de uma intensa vida espiritual. Catarina, como todo místico, é visitada pelo desejo e suas imagens. As cenas mais sujas, os espetáculos de embates carnais sob formas abomináveis, vêm macular sua imaginação exacerbada, atiçar seus sentidos em revolta. Ela fica obcecada por isso a ponto de desejar a morte. Refugiando-se na oração e no convívio com o Cristo, consegue ouvir: "Não se canse de sofrer por mim qualquer suplício que seja. E considere amargas as coisas doces, e as coisas amargas como doces[26]." O sofrimento do Um, com o qual se identifica, é seu gozo.

---

[25] Ibid., p. 51.

[26] R. de Capoue, *Vie de Catherine de Sienne*, op. cit., p. 230.

Um pouco mais tarde ela se liberta de suas contemplações solitárias e vai se interessar mais pela família, que jamais renunciou a purificar, e isso à mesa. Ela se escuta dizer: "Eis a hora do jantar, os da casa vão se pôr à mesa, vá juntar-se a eles[27]." Sabemos que a anoréxica, paradoxalmente, nunca se afasta da mesa nem da cozinha, podendo ser ela mesma uma excelente cozinheira. Um dia em que Catarina gira o espeto na cozinha, "um desses assados toscanos que são uma verdadeira obra-prima de paciência e gulodice", ela cai num êxtase tão forte que assume a aparência e rigidez de um cadáver. Sua mãe, vinda em seu socorro, "quase lhe rompe as vértebras do pescoço, procurando desenrijecê-la[28]". Sob a fumaça exalada pela carne e sob o efeito da tentação, Catarina teve "uma ereção" em arrebatamento, e sua mãe, numa "santa aliança", agarrou-se a essa ereção, se nos permitem esta aproximação.

A família de Catarina, a partir desse momento, vai conhecer as maiores provações: morte e ruína. Inicialmente é o bom Giacomo de Benincasa, o chefe da família, o homem de paz e o primeiro a haver ajudado Catarina, que cai doente e se encaminha para a morte. Catarina conclui, então, uma barganha com o céu: propõe tomar sobre si o fardo das punições infligidas pelo Senhor em pagamento pelos pecados do pai, a fim de poupar-lhe as provas do purgatório e permitir-lhe ir direto para o céu. Ela diz ter sido ouvida, vendo seu pai no céu, entre os santos. Mas paga com um sofrimento suplementar o fato de não abandonar o pai: passa a sentir uma forte dor nas entranhas que não mais a deixará. Ela é, assim, penetrada pelo pai.

Quando, pouco tempo depois, sua mãe adoece, Catarina pede-lhe que receba os últimos sacramentos, o que Lapa, que não tem intenção de morrer, recusa. Ela acusa a filha de não ter coração: faria melhor se a ajudasse a se curar, em vez de permitir-lhe uma boa morte. Conta-se que Lapa, mergulhada numa letargia perigosa, foi "reanimada" por uma oração de sua filha: "Agora minha mãe morreu sem confissão; por conseguinte, peço que ela me seja mandada de volta. É o que quero, e não sairei daqui com vida antes que o Senhor me tenha devolvido minha mãe[29]." O Pai, Deus, executou. Lapa viveria até a idade de 80 anos, e acompanharia a filha até sua morte. Ela foi mesmo conduzida a uma conversão plenária, vestindo, como a outra, o manto negro dos penitentes. Ela acompanha sua filha a todos os lugares e em todas as coisas, sem que se apazigúe, em si mesma, o mesmo fervilhar de amor e ódio.

---

[27] Ibid., p. 236.

[28] P. Gauthiez, op. cit., p. 60.

[29] Idem., p. 65.

No decorrer de suas provas, Catarina ganha em autoridade, como sublinhamos. Ela salva seus irmãos do massacre, quando uma revolta de nobres depõe o governo popular a que estes se haviam aliado. Ela os esconde, e lhes permite deixar Siena para se refugiarem em Florença, arruinados e daí por diante privados de proteção. A família Benincasa, conforme os votos de Catarina, ficaria na miséria.

Então ela pode, sem deixar de se mortificar, entregar-se de corpo e alma à ação político-religiosa que fez sua reputação: a reforma da Igreja. Trata-se de restabelecer em Roma a sede de Pedro, "ao pé das sete colinas", a legitimidade do poder papal instalado èm Avinhão na pessoa do papa Gregório XI. A Igreja precisa de um corpo, não o de um homem comum, mas um "corpo fetichizado, único e extraordinário"; isto é, um corpo sem falha, não assujeitado à castração como o corpo mortal. E esse corpo deve encontrar-se em seu lugar, e não no exílio "edulcorado e corrompido" da cidade de Avinhão.

Toda a cristandade militante da Itália, desde a morte de Urbano V em 1371, tem os olhos fixos no novo pontífice, Gregório XI, que representa uma esperança de unidade para a Itália, o fim das guerras e das querelas de poder. Catarina põe-se a pregar a cruzada e a guerra santa, dirigindo-se ao papa num tom que não deixa de surpreendê-lo. Autoritária, onipotente, soberana, ela fala em nome da Verdade de que é depositária, a título da graça divina e portanto indiscutível. O homem Gregório XI não passa de uma mediação aleatória, mas não negligenciável. Ele deve submeter-se à Palavra. Ela não o aconselha, e sim ordena-lhe que organize uma cruzada contra os infiéis, voltando a Roma. "Levante o estandarte da Santa Cruz!" Suspeitando seu homem de fraqueza, ela não hesita em humilhá-lo, para em seguida remetê-lo a suas responsabilidades: "Se até agora o senhor não esteve bem firme, peço-lhe e conjuro-o a agir como homem corajoso...[30]." Os homens são reconhecidos, em essência, como fracos e temerosos. Não têm a razão elevada, é necessário reerguê-la para eles. Eles não podem ser objeto de nenhuma admiração.

Catarina parece, ao longo de toda a sua vida, reparar em si esta falta de virilidade que vê em todo homem. Seu lema: "Virilmente agir e virilmente suportar (...) mais virilmente conhecer e seguir a verdade, sofrer virilmente." Trata-se de restabelecer sobre a terra, em Roma, o indefectível de "um grande Outro", sob o cajado de um homem que não pode recuar no combate. Ela vê nas instituições, naqueles que as representam — seculares, religiosos, clérigos e ministros —, fermentos de putrefação que "espalham o odor infecto do pecado". Da mesma forma que lutara com todo o ardor de seu jejum, contra sua

[30] R. de Capoue, *Vie de Catherine de Sienne*, "Lettre à Grégoire XI", op. cit., p. 146.

mãe, que queria fazer dela uma esposa, bate-se ainda contra as pequenas ambições dos homens que procuram as honras e as riquezas do mundo: "Catarina nomeia a podridão e a inscreve no seio da instituição; ela mesma tenta aceder à pureza pelo ascetismo, mas ela também é uma podridão, pelas feridas que se inflige. A anoréxica contemporânea inscreve a podridão do lado daquilo que ela recebe do exterior (a comida) e no interior, na carne intumescida, maculada, repugnante, ao mesmo tempo em que associa a magreza à limpeza e à pureza triunfante[31]."

O retorno de Gregório XI a Roma coroa os esforços de Catarina, mas por pouco tempo, pois esse doce papa, morto pouco depois, é substituído por Urbano VI, soberano mesquinho, logo contestado. É "um homem confuso e melancólico", brutal e violento, que não suporta nenhum conselho. Suspeito, mesmo, de distúrbios psíquicos, ele atrai muito rapidamente a hostilidade dos cardeais que apoiaram sua eleição. O cisma é consumado e procede-se, em Avinhão, à eleição de um anti-papa, Clemente VII. É um drama para Catarina, ela que dava tudo o que lhe restava de vida para assentar a unidade do poder papal. Pouco importa, para ela, o que é o homem Urbano VI (aliás, ela deve achar que os homens são todos iguais), trata-se de defender sua legitimidade, que ele recebeu de Deus. Segundo sua lógica, contestar um papa eleito equivale a ceder à paixão da luta política, à cobiça do poder que é a podridão dos homens. Ela escreve aos senhores de Florença, que se levantaram contra Urbano VI: "...Honrando o papa, honramos o Cristo; desprezando o papa, desprezamos o Cristo (...). Pela sua desobediência e perseguições, os senhores caíram na morte e no ódio a Deus (...). Quanto a mim, eu lhes digo o que Deus quer e lhes ordena[32]." Ela encarna, por sua pessoa, a lei do Pai, não a espera de ninguém, ela é esta lei.

No começo de 1380, Catarina decide não mais se alimentar em absoluto: "Meu corpo não aceita alimento algum, nem mesmo uma gota de água, e [sofro] tantos doces tormentos corpóreos como nunca os tive iguais, a ponto de minha vida estar por um fio[33]." O irmão Bartolomeu Domenici, que acorreu a Roma, comenta assim seus últimos dias: "Quando me aproximei dela, vi aquele pequeno corpo de tal forma reduzido a nada que se poderia facilmente contar todos os ossos e nervos, um por um. Estava tão descarnado como se tivesse sido calcinado já há muito tempo pelos ardores do sol." Suas últimas palavras,

---

[31] G. Raimbault, C. Eliacheff, op. cit., p. 257.

[32] R. de Capoue, "Lettre XLIX aux seigneurs de Florence", *Vie de Catherine de Sienne*, op. cit., p. 405.

[33] Idem., p. 1137.

de acordo com Raymond de Capoue, foram: "Ó sangue, ó sangue! Em suas mãos, Pai, entrego minha alma".

Desse sangue, como de um banho placentário, ela sempre quis fazer seu alimento, o único digno: "No sangue, encontramos a fonte da misericórdia, o sangue que destrói nossa dureza, o sangue que torna doces as coisas amargas, e leves os fardos pesados (...), e como esse sangue faz amadurecer as virtudes, a alma que se inebria e afoga nesse sangue reveste-se de verdadeiras e sólidas virtudes[34]." A lenda quer que Catarina tenha morrido num domingo, festa de São Pedro mártir, o santo dominicano, na hora abrasadora do meio-dia, celebrada por Dante ao final do seu *Paraíso*.

Catarina e sua mãe

Granoff e Perrier[35] observam que o termo "amor", *love* em inglês, *Liebe* em alemão, parece ser utilizado de preferência para as relações de tipo edipiano ou genital, enquanto que, para as relações pré-edipianas ou pré-genitais, os trabalhos psicanalíticos sempre sublinharam a tonalidade de um *clinging*, de um apego, de um agarramento.

Catarina e sua mãe não cessaram de "pegar-se" (no sentido igualmente de uma disputa) e de depender uma da outra; elas cansaram de se enfrentar, de se atracar e de se segurar. Muitas vezes partilharam a mesma cama, rezaram uma pela outra, cuidaram-se; a mãe lavou o sangue das chagas de sua filha, esfregou as crostas de sua pele... Pertenciam uma à outra.

Elas ofereceram mutuamente o espetáculo de seus sofrimentos, este assumindo sempre a forma de um dom e de um acesso a um "estado glorioso". Catarina afirma seu sofrimento como gozo. É dessa maneira que ela faz existir Deus, com o qual, na sua mística, se elabora uma interpenetração. Ela é Deus, nem homem nem mulher, mas um ultrapassamento que se efetua ao preço de seu aniquilamento como sujeito, isto é, da impossibilidade do desejo. Ela acede a uma espécie de soberania: não se reconhece diante de nenhuma outra vontade além da sua, identificada àquela, irrecusável, de Deus. Sua palavra é irrefutável. Ela é Uma. Ela está fora da comunicação, e isso num terreno de luta corpo-a-corpo com sua mãe.

A opiniaticidade furiosa dessas duas mulheres, a recusa de ceder à outra a menor polegada de terreno para seu desejo, traçam uma linha de frente na qual o olhar de uma não larga o da outra. Essa obstinação sem falha fez

---

[34] P. Gauthiez, op. cit., p. 204.

[35] W. Granoff, F. Perrier, *Le Désir et le féminin*, op. cit.

desses dois seres "um núcleo" tão duro quanto um diamante, "que seria mais difícil dissociar do que queimar uma pedra". É uma figura da aliança de domínio na qual a mãe é, ao mesmo tempo, indispensável e inaceitável, necessária e inútil. Projeção do corpo mortificado, ela é aquilo que se deve combater, mas conservar. Esta modalidade de fusão regressiva é um meio de não perder a mãe, de esquivar-se da perda: "Estar no interior da mãe é um meio de possessão exclusiva de seu corpo, de seus seios, mas sobretudo de seu ser. Daí as angústias ligadas à retorsão possível: seu próprio corpo como possessão da mãe, ou como objeto representando a mãe que quer dominá-la. À falta de possuir exclusivamente a mãe, ser seu duplo, como um destino da fusão primária na identificação primária. Esta posição de duplo da mãe introduz aí uma dimensão sobre a qual a teorização da anorexia mental deve se interrogar, a fim de dar conta da prevalência feminina dessa síndrome[36]."

Do objeto de mácula ao objeto a

A mácula, através dos objetos de tentação, paralisa ao mesmo tempo que fascina. Ela torna a transgressão indefinidamente viva. Sustenta, para o desejo, a ilusão de um objeto total. Não há objeto suscetível de impor um limite ao êxtase.

O objeto "eternamente" faltoso do desejo, mas que o causa, é aquilo a que Lacan chamou objeto *a*. A operação pela qual o Outro é reconhecido como faltoso e, portanto, é "simbolizado", vai destacar dele ao mesmo tempo "os objetos parciais" freudianos nomeados por Lacan objetos *a*: o seio, as fezes, o falo, o fluxo urinário; lista a que Lacan acrescenta o fonema, o olhar, a voz, o nada, que são aqueles que chamamos de objetos tentadores. "Não se vê que o caráter parcial, sublinhado com justiça nesses objetos, não se aplica ao fato de que eles sejam parte de um objeto total que seria o corpo, mas sim ao fato de que eles representam apenas parcialmente a função (fisiológica) que os produz[37]?" O alimento "anoréxico" é precisamente um objeto "destacado", impregnado de estranheza, dejeto fascinante.

Diremos que o sujeito "se abjetifica" a partir do momento em que, querendo recusar a falta no Outro, vai mascará-la fazendo-se dejeto, ornando-se com os atributos do objeto *a*. O objeto maculador (ou objeto de tentação), obje-

[36] B. Brusset, "L'anorexie et ses imagos", op. cit., p. 70.

[37] J. Lacan, *Séminaire, livre XI. Les Quatre Concepts fondamentaux de la psychanalyse*, 1973, Paris, Seuil, p. 95.

to aterrorizante, constitui-se *antes* do recalque secundário e só aparece nas falhas deste último.

É isso que faz com que Julia Kristeva diga: "O abjeto seria, pois, o objeto do recalque originário[38]", o que dele emerge, marcado pelos signos da repugnância e do nojo. "Efervescência do objeto e do signo que não são de desejo, mas de uma significância intolerável, e que basculam em direção ao não-senso ou ao real impossível, mas apresentam-se assim mesmo apesar do "eu" [*moi*] (que não é) como abjeção[39]." São esses objetos "decaídos" no processo de separação da mãe, "espectros" de objetos que só subsistem no horror que suscitam.

Lembrando que o estatuto do objeto, "presença perdida cujo caráter fantasmático é sempre imperativo mascarar", sombra assustadora, S. Leclaire afirma que os objetos enumerados por Lacan são, ou bem uma maneira de se reapoderar ou de nomear a própria presença perdida, ou bem as espécies ou aparências a que os psicanalistas podem se aliar para "conjurar" a insistência ameaçadora daquilo que está perdido. Seja como for, o objeto *a* se dá na estranheza. Ele é externo por ser demasiado interno, e retorna como "um espectro" — Leclaire designa aqui o objeto fóbico, no caso do Homem dos Lobos, na sua relação com o objeto *a*.

Sob este ponto de vista, a manifestação alucinatória vale ser mencionada; assim, na história do Homem dos Lobos, quando este, criança, percebe "com um inexprimível terror" que cortou o dedo mínimo da mão, que só se mantém por um pedaço de pele. É só depois que, por um retorno da razão, podemos dizer, ele o revê em seu lugar. Freud interpreta como "uma forma de reconhecimento da castração", uma visão alucinatória e aterrorizante. O objeto em vias de separar-se do corpo "ao vivo", poderíamos dizer. "O irreversível do corte é, quase ao mesmo tempo, dado a ver numa angústia desmedida e relegado ao nível das percepções sem objeto: é neste clássico "sem objeto" da alucinação que se desvela exemplarmente o objeto *a*[40]", propõe Leclaire. É a propósito disso, como se sabe, que Lacan introduz o conceito de foraclusão: o que é rejeitado da ordem do simbólico reaparece na realidade. Resta que a gênese do objeto *a* faz dele uma disposição estruturante, ao passo que a foraclusão consiste numa falha e num defeito "singular" no tecido simbólico. O objeto *a* é, assim, o inominável, a castração, a falta fundamental, que sob suas manifestações clínicas ele tem por função velar, conjurar.

---

[38] J. Kristeva, *Pouvoirs de l'horreur*, op. cit., p. 20.

[39] Ibid., p. 18.

[40] S. Leclaire, *Démasquer le réel*, Paris, Seuil, 1981, p. 84.

Serge Leclaire dá sobre isso uma formulação luminosa: "Creio poder observar a manifestação do objeto *a*, seja de uma maneira direta, sob a forma de uma presença fantasmática e altamente angustiante, ou ainda de uma alucinação estranha e isolada, seja, na maioria das vezes, como uma construção literal particularmente fixa, que não sei se devemos dizer altamente significante ou insignificante, que assegura a vestimenta do espírito (fantasma) num tecido de significações[41]." Atribuímos ao objeto alimento tentador, na anorexia mental, este valor de objeto "espectral", fixo, próximo e distante, que bordeja o que Leclaire chama de "o espaço perdido".

Onde situar a mácula no universo de Catarina de Siena? Nela e em torno dela. Em parte alguma, se quisermos; mas fixo e inamovível. Ela quer significar-se, objetivar-se através da carne, da *coisa* que alimenta a carne, do desejo que inerva a carne. Catarina dá aos outros seu corpo como dejeto. Nesta identificação integral à mácula, ela repõe sua possibilidade de gozar em Deus, trata-se mesmo de fazê-lo gozar. A simbolização da falta no Outro situa o sujeito na falta ou na perda, aquela do objeto *a*. Segundo Lacan, se o sujeito viesse ocupar o lugar desse objeto faltoso no Outro, o Outro, Deus, gozaria. Tal é o motor da provação mística. O modelo do Cristo sofrendo o martírio na cruz pelo amor do Pai permite a encenação do corpo sofredor como corpo de gozo. Marie-Christine Laznik-Penot, em artigo sobre a questão delicada do "conceito de gozo", evoca esta demarcação fundamental: "Se algumas mulheres místicas experimentam esse gozo diretamente, sustentando a face do Outro — a face de Deus — por seu gozo, outras só podem aceder fantasmaticamente a este gozo pelo viés de supô-lo sustentado pelo corpo — ó quão ferido! — do Cristo em seu Calvário[42]." Elas gozam, assim, somente do gozo fantasmatizado de um corpo oferecido em sofrimento à face de Deus. Sabemos que Freud, na sua concepção do sadismo, entrevê o gozo do sujeito "em identificação" com o objeto sofredor; e é ao preço de sua divisão de sujeito, ao preço de seu aniquilamento como sujeito, isto é, de sua redução a um corpo dejeto que faz o gozo de um Outro. Ainda é necessário, para manter-se neste projeto, recuar a cada vez, para que o gozo persista, os limites jamais atingidos do sofrimento senão na morte. As místicas são assim confrontadas com a infinitude de sua transgressão, cuja duração muitas vezes preservaram com uma dosagem atilada. E como não se surpreender com a resistência e a "dosagem" de privação das anoréxicas contemporâneas?

---

41 Ibid., p. 83.

42 M.-C. Laznik-Penot, "Mise en place du concept de jouissance chez Lacan", in *Revue française de psychanalyse*, t.LIV, jan.-fev. 1990, p. 73.

Jeanny

Jeanny é uma jovem anoréxica de 19 anos que consulta pela primeira vez um psicoterapeuta, depois que seu médico, assustado com a degradação física de sua paciente, considerou uma hospitalização. Diante da recusa da família de se separar de "sua criança", o médico propõe que Jeanny comece o mais depressa possível uma psicoterapia. Ela aceita "vir ver": "Não quero ser hospitalizada!", indicando que, se essa medida puder dispensá-la da internação, irá tomá-la.

Jeanny tem todo o ar de um rapazinho, é "uma guria" (como Creonte diz de Antígona). Tem os cabelos curtos, o rosto fino e pálido. Jamais porá neste algum toque de cor. Perdida dentro de roupas largas demais, ela faz desaparecer todos os sinais exteriores de sua feminilidade. Além disso, depois de quatro anos de jejum (com altos e baixos), seu corpo está curvado, deformado, "aspirado".

Ela começou a reduzir discretamente sua alimentação ao chegar aos quinze anos, por razões estéticas: "Eu me achava redonda." O pretexto freqüentemente invocado para a privação é um motivo de sedução.

Hoje, no começo de nossas entrevistas, ela declara não saber por que não come. Ela não sente fome. Indiferente à sua magreza, opõe a soberania de seu eu: "Afinal, você não tem que saber!" Ela faz o que deve fazer, ostentando uma vontade que suscita uma forma discreta de admiração na mãe: "Às vezes esta menina me impressiona! É como se nada pudesse detê-la."

Segundo a mãe, nada distingue sua família de qualquer outra, ela é das mais "convenientes". Nenhum acontecimento importante, nenhum choque ou movimento brusco na história deles. Jeanny foi uma criança fácil, agradável, alegre e boa aluna. Esse aspecto "sem história da história" é freqüentemente destacado nas observações de famílias de anoréxicas: voltadas para elas mesmas, vivem em "insularidade" e procuram sempre apresentar uma fachada sem falhas: "Isso é acompanhado de uma falta de expressividade, de autenticidade na expressão dos sentimentos e das relações em geral. A agressividade, a cólera, até mesmo a sexualidade não pertencem, ou pertencem muito pouco, ao registro expressivo e relacional dessas famílias, o que é igualmente verdadeiro para as demonstrações de afeição e ternura (tanto entre os cônjuges como com os filhos)[43]." Nessas famílias, a hiper-coerência do sistema permite uma previsibilidade máxima dos comportamentos e, por conseguinte, uma fraca abertura para a novidade, a qual é sempre vivida como perturbadora.

---

[43] J.-L. Venisse, *L'Anorexie mentale*, Paris, P.U.F., Nodules, 1983, p. 30.

O relato da vida em família é sempre superficial e de bom tom. "Com meu marido, nós nos entendemos". Deveríamos compreender: "Nós nos arranjamos"? "Há sempre alguns problemas, mas nossa união é satisfatória." A frieza da mãe de Jeanny é notável; ela avalia, como fina pedagoga, o nível de correção do amor e da ternura. Não diz ela, a propósito de sua filha: "Sempre nos entendemos muito corretamente"? "Hoje em dia, precisamos ajudar uns aos outros." Para evitar que se rompa o isolamento familiar. Nem pensar em perder esta bela união, este equilíbrio entre filhos e pais.

Essa mulher tem quarenta e dois anos. De uma elegância clássica, mantém-se ereta, muito cortês; é uma mulher "fina". Ela "consagrou" sua vida à educação de seus dois filhos. Jeanny tem um irmão três anos mais moço. "Sempre fizemos tudo por eles." Ela pensa ter feito um dom de sua vida para o bem-estar dos seus. Entretanto, sempre conservou uma atividade exterior, graças a responsabilidades no setor social de sua comunidade. Ocupou-se de crianças, adolescentes e pessoas de terceira idade em dificuldades. "Hoje em dia, os velhos não são mais como antes. Têm dinheiro e tempo pela frente." Frase estranha. Põe nela a arrogância e o desprezo tranqüilo de certos observadores de animais a respeito de seu objeto: os velhos não são mais como antes! Como o peixe de água doce ou o frango de granja. Ela fala de sua filha um pouco como de seus velhos: não posso deixá-la, não posso abandoná-la. Sente-se, como em Deméter, um terrível desespero à idéia de que sua filha lhe possa ser "roubada".

Seu marido, que jamais poderemos encontrar, é para ela "um homem muito ocupado, que nunca se interessou muito pela família (...). Além disso, agora, creio que ele tem medo do que está acontecendo". Não parece, no entanto, que ele lhe faça muita falta. O problema da filha é exclusivamente o problema da mãe. A mulher mantém o marido ali onde ele deve ficar: no trabalho, e ele ali se mantém generosamente. Ela descreve o marido (funcionário de um nível bastante elevado) como um homem "meticuloso, sempre preocupado com seu trabalho (...), ele passa as noites destrinchando seus papéis". Jeanny, sob o efeito de uma "idolatria fria" alimentada pelo pai, é a "pequena rainha" deste.

A fala de Jeanny se solta um pouco em torno da mesa, quando "a refeição", a "ceia" familiar é evocada. As bocas se enchem, mas trocam também o que delas sai, isto é, as palavras, reprodução do simbólico, fragmentos repetitivos de socialização. Mas, à mesa, é igualmente possível se "vomitar", tanto se amar como se detestar, olhar uns aos outros numa proximidade "enojada". O estômago pode dar voltas, diante do excesso de olhar, do excesso de participação daquilo que a alimentação recobre ou dissimula, ódio e amor confundidos: cena primitiva oral onde vão se desenrolar fantasias e desejos, movimentos projetivos e identificatórios.

Eis algumas lembranças de refeições de Jeanny ao lado de sua mãe: "Minha mãe não comia como os outros. Nada acontecia naturalmente. Ela mastigava, sofrendo com cada bocado. Mais exatamente, ela "trincava" os dentes e seu paladar dilacerava, esmagava o que eu achava ser eu mesma. É pelo seu olhar que sei disso: ele me olhava comendo."

O olhar instala a "posse" e o "domínio", ele é dito o "dilaceramento". É o olhar que come, diz ela literalmente, ele não enlaça — nunca, aliás, foi evocado algum contato carnal entre a mãe e a filha, a não ser num tom de extrema frieza. Lado a lado, filha e mãe estão à distância: poucos gestos, pouco calor, mas elas não tiram os olhos uma da outra.

Entre Jeanny e sua mãe iniciou-se, em torno da questão alimentar, uma luta encarniçada, como um desafio constante que acabou subvertendo o universo familiar. As duas mulheres se afirmaram no interior de uma comunidade de sofrimento. "Tentei de tudo", diz-nos a mãe, "a brandura, a persuasão. Preparei os pratos que ela preferia, deixei que comesse na hora que quisesse. Mas nada surtiu efeito, ela não queria comer ou vomitava. Então eu a fiscalizei em todos os lugares aonde ia: tenho que estar por perto quando ela vai ao banheiro, é preciso que eu esteja sempre ali...". Por sua vez, Jeanny parece viver a situação como um "percurso", cuja necessidade, diante de todos e contra todos, ela deve assumir. "Sei muito bem que aborreço todo mundo, que torno a vida de minha mãe insuportável, eu a compreendo e tenho pena dela, mas...". Este "mas", abrindo-se para o silêncio, indica o ponto invisível de uma conduta que não pode se desarmar. Tem a ver com a necessidade de aviltar-se aos olhos dos que a cercam para ali ganhar seu ódio ou seu desprezo.

"Tenho vergonha"

O afeto exemplar da mácula liga-se a este termo simples, "vergonha". Vergonha que acompanha a consciência de Jeanny, associada ao sentimento de sujeira no tocante ao corpo e à comida. "A comida é uma porcaria... e eu me sinto tão suja, tão vergonhosa. Tenho sempre a impressão de ser ridícula, risível ao lado das outras garotas... mas, principalmente, de ser diferente." Outras tantas expressões, onde se afirma a repugnância do corpo feminino sexuado: os seios, os quadris, o sangue menstrual, que é preciso fazer desaparecer, diferenças demais. Dessa abolição, se pode esperar uma identidade purificada.

Em oposição à culpa, que é de ordem objetal, a vergonha é uma emoção fundamentalmente narcísica, isto é, que engaja o próprio ser num sentimento invasor de desmoronamento e de *mácula*. André Green sublinha que, se as duas noções, vergonha e culpa, coexistem sempre e em proporções variáveis, convém distingui-las na análise: "A culpa relacionada à masturbação apóia-se no medo da castração, a vergonha tem um caráter global, primeiro absoluto. Não se trata do temor de ser castrado, mas de proibir todo contato com o ser castrado, na medida em que ele é a prova, porta a marca de uma mácula indelével que se pode contrair em seu contato[44]."

R. Dodds, em *Os gregos e o irracional*[45], opõe as civilizações da vergonha às civilizações da culpa. Ele liga a civilização da vergonha a um modo social tribal onde o pai é onipotente e não conhece nenhuma autoridade acima da sua, enquanto a civilização da culpa implica um acima do Pai, uma lei. A passagem da vergonha à culpa é correlativa de um percurso que leva da idéia de mácula e poluição à consciência de um mal moral. Assim como pode parecer legítimo opor dois tipos de organização social fundados sobre a prevalência da falta ou da mácula, também vamos distinguir as problemáticas narcísicas/passionais fundadas numa certa "abjeção de si" das problemáticas neuróticas envolvendo a falta interiorizada e a culpa.

Como sugere Serge Tisseron, interrogando-se sobre a vergonha: "À diferença da culpa, que incide sobre as condições de um desejo (desejar de maneira ilícita ou fora de propósito), a vergonha incide sobre a legitimidade mesma do desejo (...). A criança vai aprender, por exemplo, a fazer a diferença entre um interdito incidindo sobre um objeto ilícito do desejo e um interdito incidindo sobre o próprio desejo. O segundo a faz correr o risco de uma rejeição pela comunidade. E, segundo este modelo, a vergonha é sempre vivida como portadora de uma tal ameaça[46]."

No caso de Jeanny, existe esse sentimento de ser condenada por "sua condição" ao banimento de sua família e, de modo mais amplo, da sociedade. Esta experiência existencial da vergonha, de uma angústia que isola, comporta, como formula Tisseron, um risco de "aniquilamento". À diferença do afeto comum da vergonha que sobrevém sempre sob um modo de surgimento capaz de ser encoberto, isto é, permitindo uma recuperação psíquica, a vergonha de Jeanny lança uma sombra persistente e invasora. Em seu limite, ela se significa como uma experiência do indizível.

---

44 A. Green, *Narcissisme de vie, narcissisme de mort*, op.cit., pp. 196 e 197.

45 R. Dodds, *Les Grecs et l'irrationnel*, Paris, Aubier, 1965, cap. II.

46 S. Tisseron, *La Honte, psychanalyse d'un lien social*, Paris, Dunod, 1992, pp. 36 e 37.

Esse isolamento "vergonhoso" e as preocupações morais ascéticas têm por resultado — e, nesse ponto, unimo-nos a Green em sua idéia de narcisismo moral — o "projeto" exaustivo de Jeanny, sob as aparências de uma "humildade humilhante", de uma purificação que a faria triunfar. O sujeito narcísico busca, como solução do conflito, empobrecer cada vez mais suas relações objetais, para levar seu eu ao mínimo vital objetal e conduzi-lo a seu triunfo libertador. É um querer morrer para viver.

"O fato de não comer detém o tempo, é isso a calma"

Se a sabedoria social afirma que há um tempo para tudo, a anoréxica replica que tudo está em tempo, e por conseguinte não há mais tempo. O tempo está congelado, mortificado: "Penso sempre no passado", nos diz Jeanny, "em minha infância, quando não havia isso tudo." Podemos acrescentar: "quando não havia o que desejar", isto é, o que esperar. É também a rejeição, sobrevinda na puberdade, do "tempo cíclico da feminilidade", a espera e o eterno retorno do feminino.

Investir a ausência, preenchê-la com um tempo vazio sem começo nem fim, é conjurar a morte, impedir a tortura infligida pela perda. O tempo "simbólico"se transforma em tempo morto, um tempo estancado, ao mesmo tempo doce e temível, um tédio longo e infinito, o que Bion identificou sob o nome de morte psíquica.

Se o tempo simbólico é aquele da "oscilação metafórica", segundo uma expressão de Guy Rosolato, isto é, seqüências lógicas não terminadas da fala, o tempo morto é aquele, mítico, de um "fora do tempo", e portanto privado da história e de suas leis; um lugar extemporâneo que não se mede mais pelo critério da alternância cíclica do vazio e do cheio, mas brota no movimento do infinito.

O vazio e a plenitude

As "declarações" do gozo místico na apreensão da divindade expõem a relação paradoxal entre o vazio e a plenitude. "Passar do vazio para a plenitude ou, mais precisamente, identificar o vazio à plenitude é, para a teologia negativa, não apenas uma tentação constante e inevitável, mas o risco supremo[47]". Com efeito, o não confundir por um efeito de equivalência vazio e ple-

[47] R. Laporte, *Au-delà de l'horror vacui,* in op. cit., p. 118.

nitude, nada e deus, não tem por função voltar o homem para o nada, embora isso esteja no centro de sua angústia, e sim inscrever a distância que separa o homem de um gozo mítico.

O vazio da anoréxica também está próximo, sob o modo desesperado, da abordagem preenchedora do nada. Janet, a propósito de Madeleine, designa um estado particular que chama de estado de secura, como uma seqüência ao estado de tentação, mas sem se distinguir deste. No domínio religioso, corresponde-lhe a expressão mística de "deleite lúgubre". Este estado de secura vai nos permitir evocar uma situação análoga descrita por Jeanny. "É um estado", escreve Janet, "(...) caracterizado pelo vazio dos sentimentos ou pelo sentimento do vazio (...). A transição entre o estado precedente (estado de tentação) e este último parece constituída pelo sentimento de tédio[48]."

E aí está como Madeleine descreve esse tédio:

"Não sendo mais consolada nem reconfortada, não sabendo mais o que pensar de minhas consolações, da minha missão de nada, eu experimentava ontem à noite um tédio mortal, uma espécie de angústia indefinível que me apertava o coração. Tentei ler, costurar, desenhar, mas nada funcionava (...). Só o tédio persistia, cinzento e lúgubre[49]." Ao fim de vários dias, ela cai no "estado de secura" onde o próprio tédio desaparece.

Jeanny, com menos lirismo, reencontra o tom desse imenso tédio e desse desabamento no vazio: "Eu queria trabalhar para agradar a todo mundo (...), mas finjo ler e escrever; torno a copiar páginas inteiras (...), ou não faço nada... Fico obcecada pela idéia de comer ou não comer (...) mas o pior é que tenho a impressão de que tudo vai me abandonar, de que estou só para sempre." A tentação, produzida pela privação, induz uma excitação obcecante, que desemboca num vazio assustador, um nada que mal se nomeia. Este abandono "absoluto" pode ser traduzido pelo termo de absentismo, para designar o espaço interior de um vazio interior impossível de preencher: nenhum devaneio, nenhuma imagem interna. O místico, depois de ter conhecido a iluminação da presença divina, pode soçobrar no vazio e conhecer "as trevas do absentismo", a solidão extrema diante do objeto que se retira.

Evocando uma paciente que apresentava desde a infância distúrbios alimentares do tipo anoréxico, M.-C. Fusco e Victor Smirnoff propõem as noções esclarecedoras de "falha identificatória" e de "desmoronamento do espaço pessoal": "A primeira experiência da falta fundamental só pode evocar, no tudo

---

[48] P. Janet, *De l'angoisse à l'extase*, op. cit., p. 137.

[49] Ibid., p. 137.

ou nada desse vivido primordial, uma escolha peremptória entre fusão e aniquilamento. Numa tal perspectiva, não é um objeto que vem faltar à criança, mas a unidade dual por inteiro[50]." O enfrentamento das pulsões iria ligar-se então a um desdobramento do vivido fusional: vazio e preenchimento.

O vazio, na medida em que se constitui pela experiência fundamental da falta, funda a possibilidade do espaço interior ou psíquico, que terá que se "preencher", se "arranjar", com *coisas psíquicas*: devaneios, pensamentos, atos, palavras, na relação com o outro; ele pode, também, manter-se em si mesmo, na ruptura da intersubjetividade, na posição depressiva. Ele se funde, no narcisismo anoréxico, em nostalgia de um paraíso perdido, espera irreal de um mais-além da relação com o outro. É por isso que é justo considerar que o vazio seja feito de uma espécie de anulação da ausência, ou de uma ausência sem objeto. Voltando à noção da "Coisa", cara a J. Lacan, Granoff e Perrier fazem dela, com razão, o continente invisível e inapreensível do vazio, seu ponto de atração: "O vazio é para os analistas uma dimensão conhecida, a Coisa é o que ele encerra e não mostra. Nós o utilizamos aqui para dar um nome a este ponto último da fascinação, como dimensão daquilo cuja relação é regrada pelo falo[51]."

Ao fim de nossa trajetória, vamos entender como estar apto para a solidão uma capacidade de organização do espaço interno, contra o *absentismo* que exprime sua falha, sob o modo de um retorno narcísico. Neste último caso, a falta não é "apreendida" psiquicamente, o vazio não é "concebido", poderíamos dizer, desmembrado pelo desejo. A solidão expõe uma falta significável que induz o desejo e a criatividade; o absentismo tende para um nada indizível, metáfora da morte.

Essas observações sobre o sentimento de vazio e o espaço interno esclarecem a atividade de pensamento em Jeanny, que se desenvolve, ora sob o modo do preenchimento e da auto-suficiência, ora sob o modo da vacuidade e do "nada a dizer". Ela oscilava entre uma produção mental onisciente, confundindo-se com uma verdade inatacável, que dispensava a convicção dos outros, e um sentimento também integral de vazio interno e de não-pensamento; assim: "O que eu penso, você não pode compreender, aliás para mim dá no mesmo, sei que tenho razão...". Mas também: "Dizem que eu trabalho bem, mas eu trabalho para compensar minha ausência de capacidade, e os bons resultados que obtive não são satisfatórios, porque foram obtidos para compensar minha mediocridade."

---

[50] M.-C. Fusco, V. Smirnoff, "Limbes de la dépression. Espace fusionnel", in *Topique*, nº 17, 1976, p. 16.

[51] W. Granoff, F. Perrier, *Le Désir et le féminin*, op. cit., p. 103.

A onipotência e a onisciência se desenvolvem contra a troca e o aprendizado, no desmentido da fala do outro. A discriminação entre o verdadeiro e o falso é impossível. O sujeito põe em lugar desta uma "afirmação ditatorial": uma coisa é normalmente boa e outra má, e isso se acompanha de uma denegação da prova de realidade, substituída por uma moralidade absoluta. Essa atividade mental não é uma atividade de pensamento autêntico. Poderíamos qualificá-la de apodítica, logo, com a forma de uma necessidade estrita, dispensando a prova do outro, como se estivesse definitivamente satisfeita.

Jeanny se engaja numa relação com o pensamento semelhante àquela com a comida que recusa. O pensamento, para ela, é "uma matéria" tratada como um alimento. Ela pode se bastar na sua própria ausência, na recusa de todo aporte exterior, como "uma coisa" inassimilável. Em lugar de uma elaboração criativa e "leve" do pensamento, instaura-se uma atividade de pensamento "fechado", iludindo-se com a sua própria riqueza, o vazio interno por ela recoberto ameaçando a todo instante açambarcar o sujeito.

A ausência fundamental de mediação, que funda a certeza subjetiva de um absoluto do saber, não deixa de evocar as inferências da estrutura perversa na sua relação com a Gnose observada por G. Rosolato. Ausência de mediação que induz a luta das categorias: o bem e o mal, o verdadeiro contra o falso, luta extemporânea, adialética, sem resolução. Esta ausência de mediação remete ao desmentido do Pai edipiano.

A adictividade

Foi Fenichel quem, em 1945, descrevendo os impulsos patológicos atuantes nas toxicomanias, na cleptomania e nas bulimias, destacou, sob o termo "adicção", uma problemática significando "a urgência da necessidade e a insuficiência final de toda tentativa de satisfazê-la". Um objeto exclusivo, idealizado, ao mesmo tempo fonte de gozo e de sofrimento, estará "na causa" da identidade mesma do sujeito. Se a anorexia ganha ao ser considerada sob este ângulo, é por um motivo particular: ela é "uma adicção invertida", uma relação de necessidade com o objeto alimento sobre o fundo da sua recusa e da possível invasão, por parte deste, sob a forma do rapto bulímico. Ela reduz ao mínimo a realização do ato consumatório, ao contrário do toxicômano. A suspensão do ato deixa-a, no entanto, "fascinada" pela representação do alimento. "Em ambos os casos", escreve Brusset, "o objeto é estritamente determinado, parcial, real, e o desejo — percebido como necessidade incoercível — não dá lugar aos deslocamentos metafóricos e metonímicos que testemunhariam, como é o caso nas formas neuróticas, de sua inserção simbólica ou de uma abertura para a simbolização[52]." O corpo se abole como lugar do Outro onde se origina o desejo. O apetite é percebido como uma apetência toxicômana, o ato alimentar votando à alienação, ao aviltamento e mesmo à perda de si. O antigo termo francês *addiction* significava: dar seu corpo em penhor de uma dívida não paga, e o termo inglês significa "apego", "inclinação", o fato de "entregar-se a" ou "dedicar-se a".

Na verdade, esta noção seria de um interesse limitado, se não permitisse a compreensão ampliada do "suspense" do ato na sua relação com a atividade fantasmática, na relação de objeto.

Brusset explicita: "A utilização do termo "necessidade" dá conta de certas características de condutas apetitivas, de relações de um sujeito diante de objetos reais ou de satisfações reais: o objeto ou a satisfação são estritamente determinados, fixos, isto é, não substituíveis ou dificilmente substituíveis, parecem indispensáveis; em contrapartida, o alvo e a fonte são diversos e por vezes difíceis de precisar. É, pois, essencialmente, um modo de relação com o objeto real e a satisfação real que se vê assim especificado. A necessidade assim entendida nada tem a ver com a auto-conservação, que ela compromete mais do que assegura, mas é claro que tampouco tem a ver com o amor[53]." Mas com a paixão! Aí, a natureza do objeto, bem como seu assujeitamento a uma *imago* materna idealizada, especifica o espaço de tentação próprio da problemática anoréxica. Um "espaço exterior" composto pelo objeto tentador na sua relação com um sujeito tentador idealizado (a *imago* materna) se mantém a partir de um conjunto interno indispensável à obtenção de um "contentamento", e isso por um efeito de tentação vivida na imposição e na passividade. A imposição exercida no interior é percebida como vinda do exterior. O poder do conjunto induz "a passivação do eu", o vacilamento ou o desmoronamento.

"O objeto real é fascinante, sua presença e sua posse real são superinvestidas, às expensas da economia de sua representação e do destino interno desta última[54]", escreve Brusset. Com efeito, a posição de "fascinação" do objeto alimento, sua petrificação, na medida em que ele é o objeto do desejo da mãe, mantém uma *imago* materna eternamente presente e cumuladora. Assim, o sujeito está ao abrigo das inconstâncias do objeto, cuja presença não tem

---

[52] B. Brusset, "Anorexie et boulimie dans leur rapport à la toxicomanie", in *L'Anorexie mentale aujourd'hui* (coleção), Grenoble, La Pensée sauvage, 1989, p. 125.

[53] Ibid., p. 146.

[54] Ibid., p. 151.

que aguardar e antecipar. A renúncia, adiando até o infinito a satisfação, deixa esta última à disposição permanente do sujeito. "A satisfação é investida como um objeto que permanece acessível, mas que jamais é tão precioso como quando é projetado no porvir[55]." Em todos os casos, o sujeito é protegido do desaparecimento, e mantém uma ligação intensa com uma mãe idealizada.

[55] Ibid., p. 149.

FONTES

ABECASSIS A., « L'expérience du désert », in *Cahier de l'université Saint-Jean de Jérusalem,* Paris, Berg International, n° 8, 1983.

ANDRÉ J., *Aux origines féminines de la sexualité,* Paris, P.U.F., 1995.

ARNAUD A., EXCOFFON-LAFFARGE G., *Bataille,* Paris, Seuil, col. Écrivains de toujours, 1978.

ASSEDO Y., « De l'angoisse a la jouissance dans les conduites de risque », in *Revue française de psychanalyse,* t. LIV, 1990, pp. 121 a 133.

ASSOUN P.-L., *Freud et la femme,* Paris, P.B.Payot, 1995.

AULAGNIER P., *Les Destins du plaisir,* Paris, P.U.F., 1984.

BARBIER A., « Étude d'ensemble des fantasmes originaires », in *Les Fantasmes originaires* (col.), Paris, Privat, 1986.

BATAILLE G., *L'Érotisme,* Paris, éd. de Minuit, 1957.

BELL R. M., *L'Anorexie sainte,* tr. fr. C. Ragon-Ganovelli, Paris, P.U.F., 1994.

BIDAUT E., *L'Anorexie mentale dans ses rapports avec les conduites religieuses de privation alimentaire,* tese de doutorado em psicologia clínica, Université Paris X, 1994.

• « La tentation de l'anorexique », in *L'Évolution psychiatrique,* 61, 2, 1996, I-II, pp. 359-369.

BLANCHOT M., *Faux pas,* Paris, Gallimard, 1943.

BRAUNSTEIN N., *La Jouissance, un concept lacanien,* Paris, Point Hors Ligne, 1992.

BRAUNSCHWEIG D., FAIN M., *La Nuit, le jour. Essai psychanalytique sur le fonctionnement mental,* Paris, P.U.F., 1975.

BRIL J., *Lilith ou la Mère obscure,* Paris, Payot, 1981.

BRUCH H., *Les Yeux et le ventre,* tr. fr., Paris, Payot, 1975.

• *L'Énigme de l'anorexie,* tr. fr., Paris, P.U.F, (col.) Perspectives critiques, 1979.

BRUNETIÈRE H., GARRÉ J.-B. ET C.,LHUILLIER J.-P., « Anorexie mentale: la tentation de l'histoire », in *Actualités psychiatriques,* n° 8, 1986, pp. 17 a 21.

BRUSSET B., « L'anorexie et ses imagos », in *L'Anorexique, le toxicomane et leur famille* (col.), Paris, E S.F., 1989, pp. 64 a 74.

• « Anorexie et boulimie dans leur rapport à la toxicomanie », in *L'Anorexie mentale aujourd'hui,* (col.), Grenoble, La Pensée sauvage, 1989.

• « La jouissance de l'anorexique », in *Revue française de psychanalyse,* tomo LIV, 1990, pp. 163 a 174.

CAILLOIS R., *L'Homme et le sacré,* Paris, Idées/Gallimard, 1963.

CAPOUE de R., *Vie de Catherine de Sienne,* tr. fr. R.P. Hugeny, Paris, Lethielleux, 1905.

CERTEAU de M., « Histoires de corps, entretien », in *Esprit,* fev. 1982, pp. 179 a 185.

CHARCOT, *Oeuvres complètes,* t. II, éd. Lecrosnier et Babé, 1890.

COUCHARD F., *Emprise et violence maternelle,* Paris, Dunod, 1991.

COURNUT J., « Les seuils d'intensité affective », in *Revue française de psychanalyse,* t. LVI, 1992, pp. 645 a 651.

DECOBERT S. (v. KESTEMBERG J. et E.)

DELEUZE G., « Presentation de Sacher Masoch », in S. Masoch, La *Vénus à la fourrure,* Paris, éd. de Minuit, 1967.

DETIENNE M. (v. J.-P. VERNANT)

DICTIONNAIRE DE SPIRITUALITÉ, Paris, Beauchesne,1990.

DOREY R., « La relation d'emprise », in *Nouvelle revue de psychanalyse,* n° 24, 1981, p. 117 a 139.

• « Introduction: penser la transgression », pp. 1 a 6, « Le détour », pp. 77 a 91, in *L'Interdit et la trangression,* Paris, Dunod, 1983.

• *Le Désir de savoir,* Paris, Denoël, col. L'Espace analytique, 1988.

DOUGLAS M., *De la souillure,* tr. A. Guérin, Paris, Maspero, 1981.

DUQUESNE A.-F., « Réflexion sur Satan en merge de la tradition judéo-chrétienne», in *Études carmélitaines,* Desclée de Brouwer, 1948.

ELIACHEFF C., *De l'isolement de l'anorexie à l'isolement de l'anorexique,* tese de doutorado em medicina, Paris, éd. Dupuytren copy, 1972.

ELIADE M., *Le Sacré et le Profane* (1956), Paris, Idées/Gallimard, 1983.

FÉDIDA P., « Une parole qui ne remplit rien », in *Nouvelle revue de psychanalyse,* n° 11, 1975.

FOUCAULT M., « Préface à la transgression », revue *Critique,* n° 195-196, 1963, pp. 751 a 769.

• *Dits et écrits,* t. I, Paris, Gallimard, 1994, pp. 233-250.

• *Histoire de la sexualité,* t. II, *L'Usage des* plaisirs, Paris, Gallimard, 1984.

FREUD S.,

• «Un cas de guérison par l'hypnose » (1893), in *Résultats, idées, problèmes 1,* tr. fr. sob a dir. de J. Laplanche, Paris, P.U.F., 1984, pp. 31 a 44.

• « Obsessions et phobies », in *Névrose, psychose et perversion (1895)*, tr. fr. sob a dir. de J. Laplanche, Paris, P.U.F., 1974, pp. 39 a 45.

• « Madame Emmy van N... », in *Études sur l'hystérie* (1895), tr. fr. A. Berman, Paris, P.U.F., 1975, pp. 35 a 82.

• « Manuscrit G » (1895), in *La Naissance de la psychanalyse,* tr. fr. A. Berman, Paris, P.U.F., 1973, p. 91.

• « Actions compulsionnelles et exercices religieux » (1907), *in Névrose, psychose et perversion,* tr. fr. sob a dir. de J. Laplanche, Paris, P.U.F., 1974, pp. 133 a 142.

• « Fragment d'une analyse d'hystérie, Dora » (1908), in *Cinq psychanalyses,* tr. fr. A. Berman, Paris, P.U.F., 1973, pp. 1 a 83.

• « Sur le plus général des rabaissements de la vie amoureuse » (1912), in *La Vie sexuelle,* tr. fr. sob a dir. de J. Laplanche, Paris, P.U.F., 1973, pp. 55 a 66.

• *L'Inquiétante Étrangeté et autres essais,* tr. fr. B. Féron, Paris, Gallimard, 1985.

• *Abrégé de psychanalyse* (1938), tr. fr. A. Berman, Paris, P.U.F., 1975.

• « Contributions à la psychologie amoureuse » (1910), in *La Vie sexuelle,* tr. fr. sob a dir. de J. Laplanche, Paris, P.U.F., 1973, pp. 1a 83.

• *Totem et tabou. Quelques concordances entre la vie psychique des sauvages et celle des névrosés* (1913), tr. fr. M. Weber, Paris, Gallimard, 1993.

• « Pour introduire le narcissisme » (1914), in *La Vie sexuelle,* tr. fr. sob a dir. de J. Laplanche, Paris, P.U.F., 1973, pp. 81 a 105.

• « Contribution à l'histoire du mouvement psychanalytique » (1914), in *Essais de psychanalyse,* Paris, Payot, 1981.

• « Au-delà du principe de plaisir » (1920), in *Essais de psychanalyse,* P.B.Payot, 1981.

• « Psychologie des foules et analyse du moi » (1921), in *Essais de psychanalyse,* Paris, P.B.Payot, 1981.

• « Le moi et le ça » (1923), in *Essais de psychanalyse,* P.B.Payot, 1981, p. 219 a 262.

• *Inhibition, symptôme et angoisse* (1926), tr. M. Tort, Paris, P.U.F., 1951.

• *Malaise dans la civilisation* (1929), tr. fr. Ch. Odier, Paris, P.U.F., 1976.

• *Le Malaise dans la culture,* in *Oeuvres complètes,* t. XVIII, Paris, P.U.F., 1994, pp. 243-333.

• « Sur la sexualité féminine » (1931), in *La Vie sexuelle,* Paris, P.U.F., 1973, pp. 139 a 155.

• « La féminité » (1932), in *Nouvelles conférences d'introduction à la psychanalyse,* tr. fr. R.-M. Zeitlin, Paris, Gallimard, 1984.

GANTHERET F., « Les miroirs de la passion », in *Nouvelle revue de psychanalyse,* n° 21, 1980, pp. 267 a 285.

• « Remarques sur la place et le statut du corps en psychanalyse », in *Nouvelle revue de psychanalyse,* n° 3, 1971, pp. 137 a 146.

GAUTHIEZ P., *Sainte Catherine* de *Sienne*, Paris, Bloud et Gay, 1916.

GODFRIND J., « De mère en fille à la recherche du plaisir », *Revue française de psychanalyse*, t. LIV, 1990, pp. 83 a 96.

GRANOFF W., PERRIER F., *Le Désir et le féminin* (1979), Paris, Aubier, 1991.

GREEN A., « Obsessions et psychonévroses obsessionnelles », *Encyclopédie médico-chirurgicale*, Psychiatrie III, 37370, Paris, 1965.

- *Narcissisme de vie, narcissisme* de *mort*, Paris, éd. de Minuit, 1983.
- « Pourquoi le mal ? », in *Nouvelle revue de psychanalyse*, n°38, 1988.

GRIMAL P., *Dictionnaire de la mythologie*, Paris, P.U.F., 1969.

HASSOUN J., *Les Passions intraitables*, Paris, Aubier, 1989.

HENAFF M., *Sade, l'invention du corps libertin*, Paris, P.U.F, 1978.

IGOIN L., *La Boulimie et son infortune*, Paris, P.U.F., 1985.

JEAMMET P., « Les destins de l'autoérotisme à l'adolescence », in *Devenir adulte?*, (col.), Paris, P.U.F., 1990, pp. 52 a 80.

JANET P., *De l'angoisse à l'extase* (1926), t. I, Paris, Alcan, 1975.

JEAN de la CROIX (santo), *Avis et Maximes*, in *Œuvres spirituelles*, éd. du Seuil, tr. R.P. Grégoire de Saint-Joseph, Paris, 1947.

KESTEMBERG E. et J., DECOBERT S., *La Faim et le corps*, Paris, P.U.F., col. Le Fil rouge, 1972.

KIERKEGAARD S., *Traité du désespoir* (1849), tr. K. Ferlov e J.-J. Gateau, Paris, Idées/ Gallimard, 1969.

KLEIN M., *Essais de psychanalyse* (1921-1945), tr. fr. M. Derrida, Paris, Payot, 1968.

KRISTEVA J., *Pouvoirs de l'horreur*, Paris, Seuil, 1981.

LABADIE J.-M., « Le tombeau vide », in *Nouvelle revue de psychanalyse*, n° 11, 1975, pp. 223 a 232.

LACAN J., « La direction de la cure » (1958), in *Écrits*, Paris, Seuil, 1966, pp. 585 a 647.

- « Subversion du sujet et dialectique du désir dans l'inconscient freudien » (1960), in *Écrits*, Paris, Seuil, 1966, pp. 793 a 828.
- *Le Séminaire, livre VII. L'Éthique de la psychanalyse* (1959-1960),Paris, Seuil, 1986.
- *Le Séminaire, livre XI. Les Quatre Concepts fondamentaux de la psychanalyse* (1964), Paris, Seuil, 1973.

LACARRIÈRE J., *Les Hommes ivres de Dieu*, Paris, Fayard, 1975.

LAMPL. de GROOT J., *Histoire du développement du complexe d'Œdipe*, cit. in M.C. Hamon, *Féminité, mascarade*, Paris, Seuil, 1994.

LAPLANCHE J., *Nouveaux fondements pour la psychanalyse*, Paris, P.U.F., 1987.

LAPORTE R., « Au-delà de *l'horror vacui* », in *Nouvelle revue de psychanalyse*, n° 11, 1975, pp. 117 a 127.

LASÈGUE C., *De l'anorexie hystérique* (1873), Paris, Analectes, 1970.

LAZNIK-PENOT M.-C., « Mise en place du concept de jouissance chez Lacan », in *Revue française de psychanalyse,* tomo LIV, 1990.

LECLAIRE S., « L'obsessionnel et son désir », in *L'Évolution psychiatrique,* vol. 3, 1959, pp. 383 a 408.

- *Psychanalyser,* Paris, Seuil, 1968.
- *Démasquer le réel,* Paris, Seuil, 1971.

LEVY A., « Évaluation étymologique et sémantique du mot secret », in *Nouvelle revue de psychanalyse,* n° 14, 1976, pp. 117 a 130.

MCDOUGALL J., « Le psyché-soma et le psychanalyste », in *Nouvelle revue de psychanalyse,* n° 16, 1971, pp. 131 a 150.

MANNONI M., *LePsychiatre, son « fou » et la psychanalyse,* Paris, Seuil, 1970.

MANNONI O., « Le passionné "ne veut rien savoir" », in *Nouvelle revue de psychanalyse,* n° 21, 1980, pp. 43 a 50.

MONTRELAY M., *L'Ombre et le nom. Sur la féminité,* Paris, éd de Minuit, 1977.

OLIVENSTEIN C., « L'enfance du toxicomane », in *La Vie du toxicomane,* Paris, P.U.F., 1982.

PICHON G., « La lèpre et le péché », in *Nouvelle revue de psychanalyse,* n° 38, 1988, pp. 147 a 158.

PINEL P., *Nosographie philosophique,* t. III, *Nouvelle revue de psychanalyse,* Paris, Brosson, 1813.

POMMIER G., *L'Exception féminine,* Paris, Point Hors Ligne, 1985.

PSEUDO-DENYS, in *Patrologie de Migne,* Noms divins, I, 5, tr. orig.

PUECH H.-C., « Le prince des ténebres en son royaume », in *Satan. Études carmélitaines,* Desclée de Brouwer, 1948, pp. 94 a 132.

RAIMBAULT G., ELIACHEFF C., *Les Indomptables. Figures de l'anorexie,* Paris, Odile Jacob, 1989.

RACAMIER P.-C., « De l'objet non objet », in *Nouvelle revue de psychanalyse,* n° 21, 1980, pp. 235 a 242.

ROSOLATO G., « Étude des perversions sexuelles à partir du fétichisme», in *Le Désir et la perversion,* Paris, Seuil, col. Le Champ freudien, 1967.

- Recension du corps », in *Nouvelle revue de psychanalyse,* n° 3, 1971, pp. 5 a 28.

ROUGEMONT de D., *L'Amour et l'Occident,* 10/18, 1962.

SALES F. de, *Introduction a la vie dévote,* t. II, Paris, Les Belles-Lettres, 1961.

SELVINI M., *Self-Starvation,* New York, Jason Aronson ed., 1974.

SCHNEIDER M., « La mart dépravée », in *Nouvelle revue de psychanalyse,* n° 33, 1986, pp. 95 a 116.

SIBONY D ,*L'Amour inconscient. Au-delà du principe de séduction,* Paris, Grasset, 1983.

THÉRÈSE d'AVILA (SANTA), *Ma vie,* in *CEvres complètes,* Paris, Fayard, 1962.

THIS B., « De Lasègue a Freud », in *Le Coq-Héron,* « Anorexie mentale », 1983.

TISSERON S., *La Honte.Psychanalyse d'un lien social*, Paris, Dunod, 1992.

VALABREGA J.-P., « Lanorexie mentale, symptôme hystérique et symptôme de conversion », in *L'Inconscient*, 1967, 2.

VALÉRE V., *Le Pavillon des enfants fous*, Paris, Stock, 1978.

VENISSE J.-L., *L'Anorexie mentale*, Paris, P.U.F., Nodules, 1983.

VERNANT J.-P., « *À* la table des hommes », in M. Detienne, J.-P. Vernant, *La Cuisine du sacrifice en pays grec*, Paris, Gallimard, 1979, pp. 37 a 132.

VUARNET J.-N., *Le Dieu des femmes*, Méandres, L'Herne, 1989.

WINNICOTT D.W., « La crainte de l'effondrement », in *Nouvelle revue de psychanalyse*, n° 11, 1975, pp. 35 a 44.

- Littoral
  O Conhecimento Paranóico
- Revista Dizer - 14
  A medicalização da dor
- Neurose Obsessiva
  Charles Melman
- A Erótica do Luto
  Jean Allouch
- Um Mundo sem Limite
  Jean-Pierre Lebrun
- Comer o Livro
  Gérard Haddad
- Do Pai à Letra
  Hector Yankelevich
- A Experiência da Análise
  Norberto Ferreyra
- A Fadiga Crônica
  Pura H. Cancina
- O Desejo Contrariado
  Robert Lévy
- Psicanálise de Crianças Separadas
  Jenny Aubry
- Lógica das Paixões
  Roland Gori
- Um Narrador Incerto, entre o Estranho e o Familiar
  Lucia Serrano Pereira
- Gide-Genet-Mishima
  Catherine Millor
- Dependência Química na Adolescência
  Hélio Fernandes Mattos
- O Sexo Conduz o Mundo
  Colette Chiland
- Um Homem de Palavra
  Nazir Hamad
- A Arte de Reduzir as Cabeças
  Dany-Robert Dufour
- Poetas, Crianças e Criminalidade... Sobre Jean Genet
  Alba Flesler / Claudio Martyniuk / Fernando Sabsay / Isidoro Vegh
- A Paixão do Sujeito Freudiano
  Bernard Penot
- Clínica Lacaniana: As Homossexualidades, Revista Internacional n. 2
- A Escola do Sujeito
  Claude Dumézil
- A Significação do Falo
  Diana Rabinovich
- A Angústia e o Desejo do Ouro
  Diana Rabinovich
- O Próximo
  Isidoro Vegh
- Sombra do Teu Cão
  Jean Allouch
- Crueldade no Feminino
  Sophie de Mijolla-Mellor e Julia Kristeva
- A Descoberta de João
  Marcelo Pio da Costa
- Separações Necessárias
  Emilio Rodrigué
- Os Nomes Indistintos
  Jean-Claude Milner
- Lacaniana I
  Moustapha Safouan
- Psicanálise e Saúde Mental
  Sonia alberti e Ana Cristina Figueiredo (org.)
- O Caminhante Analítico
  Victor Smirnof
- Figuras do Real
  Ginette Michaud
- Do Amor do Outro ao Amor de Si
  Patrick Delaroche
- A Topografia de Lacan
  Jean-Paul Gilson
- O Conhecimento Paranóico
  Revista Litoral
- Letra e Pulsão de Morte
  André Green
- Enigma do Incesto
  Laure Rozen
- O Inferno do Dever
  Denise Lachaud
- A Quarta Mulher
  Paul Tabet
- Lacaniana II
  Moustapha Safouan
- Dez Conferências de Psicanálise
  Moustapha Safouan
- Estados de Abandono
  Jacques André
- Transferência e Estados Limites
  Jacques André
- Da Paixão
  Jacques André
- A Anatomia da Terceira Pessoa
  Guy Le Gaufey
- A Criança no Espelho (Freud Wallon Lacan)
  Émile Jalley
- A Violência na Adolescência
  Pierre Kamerer
- Para uma Clínica do Real
  Isidoro Vegh
- Clínica dos Fracassos da Fantasia
  Silvia Amigo
- As Figuras do Real
  Patrick Delaroche
- O Nó Górdio
  Carlos Eduardo Leal
- Amor e Ódio
  Michele Benhaim
- Oriente Médio: Povos Autoritários Sociedades Bloqueadas
  Philippe Draz Vincent
- Dicionário da Sexualidade Humana
  Philippe Brenot
- Dicionário da Justiça
  Loïc Cadiet
- O Jornalista e seu Poder
  Gerard Spitéri
- Michel Foucault: a Inquietude da História
  Mathieu Potte-Bonneville
- O Sexo do Mestre
  Jean Allouch
- Psicoterapia-Psicanálise-Didática 1 – debates
  Analyse Freudienne Presse
- Psicoterapia-Psicanálise-Didática 2 – debates
  Analyse Freudienne Presse
- A Pulsão de Morte
  Michel Plon (org.)
- A Crueldade no Feminino
  Sophie de Mijolla-Mellor
- Por Que Não Há Relação Sexual?
  Roberto Harari
- A Saúde Totalitária
  Roland Gori
- A Morte de Deus
  Dany-Robert Dufour
- O Espelho do Artista
  Yolanda Freyre
- Nietzsche e o Demônio do Meio-dia
  Jean-Baptiste Botul
- Fim da Picada
  Guilherme Knabb
  Mariana Friedheim
- Psicanálise de Pais
  Durval Checchinato
- Separações Necessárias
  Emilio Rodrigué
- Reflexões Sobre a Questão Gay
  Didier Eribon
- "Inseto"
  Claire Castillon
- A Lógica do Gênero
  Laure Murat
- No Reino das Mulheres
  Irène Frain
- O Inestimável Objeto da Transmissão
  Pierre Legendre
- Enigma do Incesto
  Da fantasia à realidade
  Laure Razon
- O nó górdio
  Carlos Eduardo Leal
- Amor e ódio
  A ambivalência da mãe
  Michèle Benhaïm

IMOS
Gráfica e Editora

Imos Gráfica e Editora Ltda.
Tel./Fax: (21) 2450-3505
www.imos.com.br